ou anger
1955

CONSIDÉRATIONS

POLITIQUES

SUR L'ÉTAT ACTUEL DE L'EUROPE,

Sur la nécessité de changer le système de nos relations commerciales en Asie, et les moyens d'y parvenir;

OU

MÉMOIRE

SUR L'ILE DE MADAGASCAR.

Par M. GARONNE,

Ancien Député de la ville et du commerce de Cete près l'Assemblée constituante.

———

A PARIS,

Chez Ant. BAILLEUL, Imprimeur-Libraire du Commerce, rue Sainte-Anne, N°. 71.

══

1814.

On trouve chez le même Libraire les ouvrages suivans :

Mémoire historique et politique sur le commerce de l'Inde, par le même auteur. . . . . 1 fr. 80 c
Réflexions sur le commerce de France. . . 2   50
Réflexions sur le commerce de France,
    1ère. suite (1). 1   25
Idem 2me. suite. 1   25

(1) Cette première suite manque depuis quelque temps ; elle sera réimprimée.

DE L'IMPRIMERIE D'ANT. BAILLEUL.

AVANT-PROPOS.

Nous sommes dans un siècle où tout ce qui est grand, tout ce qui est beau, tout ce qui est utile à l'Etat, s'entreprend et s'exécute, disait avec un noble orgueil, en 1665, l'académicien Charpentier, en rendant compte au Roi de l'établissement de la compagnie française pour le commerce des Indes orientales.

Le peuple français sera toujours susceptible du même enthousiasme, de la même émulation et des mêmes efforts, toutes les fois que la magnanimité de son souverain concourra avec les lumières et les intentions des ministres. Que la France ait pour Roi, n'importe à quelle époque, un Louis-le-Grand, et pour ministre un Colbert, et bientôt on la verra s'élever au faîte de la gloire et de la prospérité. S'il est vrai que les destinées de ce peuple, d'après sa mobilité naturelle, aient été influencées dans tous les temps par le caractère et le génie de ceux qui l'ont gouverné; si, en l'observant à des époques où nous pouvons le juger encore d'après des traditions récentes, nous sommes fondés à reconnaître qu'il a été tour à tour grand et héroïque sous un Roi avide de tous les genres de gloire; aimable, léger, et galant peut-être jusqu'au scandale, sous un prince spirituel et bon, mais qui avait plus d'agrément que de solidité dans l'esprit, dont le jugement fut toujours sûr, mais dont le caractère fut souvent faible, qui, par l'insouciance de son administration, rompit les liens d'une autorité tutélaire, et par le relâchement de ses mœurs, par les profusions de ses ministres et de ses favorites, ne prépara que trop cette révolution dans laquelle on a vu le crime triompher si audacieusement de la vertu; si sous ses nombreux tyrans, soit républicains, sans-culottes ou directoriaux, ce même peuple, s'agitant sans cesse en raison des impulsions qui lui étaient données, est parvenu à oublier ses anciennes idées de justice, de loyauté et de grandeur, au point d'ériger des autels à la plus vile dénonciation, au libertinage le plus déhonté et à la bassesse la plus dégoûtante; si à la suite de tant d'agitations insensées et tumultueuses, et lorsqu'il paraissait avoir le plus besoin de repos, il a suffi d'un chef ambitieux pour le conduire à la conquête de l'Europe, et lui faire dicter des lois dans les capitales mêmes des souverains les plus puissans, combien ne doit-il pas être heureux qu'une constitution grande, forte et libérale puisse enfin rendre stables les lois qui devront désormais le régir! De tous les peuples d'Europe, les Français sont peut-être celui qui avait le plus besoin d'une bonne constitution : tous ses malheurs sont venus de n'en avoir pas eu. C'est en vain que dans ces derniers temps quelques publicistes se sont évertués à vouloir nous prouver qu'il en a toujours existé une en France. Comment concevoir, si cela eût été, cette formule ancienne qui portait *si veut le Roi, si veut la loi*; et cette autre observée dans toutes les ordonnances royales qui finissaient par ces mots: *car tel est notre bon plaisir* ?

Une constitution était le seul moyen de maintenir en France le repos et la paix; et la paix de la France est nécessaire à la paix de l'Europe. On objecterait vainement que depuis quelques années les Français n'ont su se contenter d'aucune. Ce reproche n'est pas fondé : hors la constitution de 1791 et celle de l'an 8 , celles qui ont été proposées dans les temps de nos orages révolutionnaires, n'ont été présentées par les divers factieux qui s'étaient momentanément emparés de l'autorité suprême, que comme des actes qu'ils étaient bien décidés à ne produire que pour la forme, et à voiler aussitôt sous un prétexte quelconque. Du moins de ces deux constitutions résultera-t-il une grande leçon qui ne doit être perdue ni pour les peuples, ni pour ceux qui veulent les gouverner: c'est que si le peuple français viola celle de 1791, il en a été puni par vingt-trois années de troubles et de malheurs, et que la violation de celle de l'an 8 a renversé Napoléon du trône.

De toutes les lois qui émanent d'une bonne constitution, la liberté indéfinie de la presse (1) est la plus nécessaire et la plus importante; et l'exemple de l'Angleterre a suffisamment prouvé combien cette mesure peut être utile au Gouvernement qu'elle éclaire sur ses plus vrais intérêts, et au peuple qu'elle protège contre la puissance toujours redoutable de ceux qui le gouvernent.

L'institution de deux chambres telles qu'elles sont aujourd'hui organisées en France, forme ce juste équilibre de pouvoirs, qui, loin de nuire à l'autorité royale, peut seule la consolider, et la mettre à l'abri de toute atteinte dangereuse. Il fut un temps, et cette époque

---

(1) Sauf la responsabilité des écrivains pour ce qui offense les mœurs, ou peut compromettre la sureté de l'Etat et la dignité du monarque.

n'est pas bien éloignée de nous, où la puissance constitutionnelle des rois d'Angleterre ne paraissait aux royalistes français qu'un vain simulacre d'autorité; c'était alors une contradiction assez remarquable, que d'avoir fait une loi de ce qui les détruisait toutes, puisque le premier axiome de droit qui était enseigné dans nos universités, portait que la puissance législative entière résidait dans la personne du Roi. L'Angleterre a prouvé que l'autorité royale est bien plus forte lorsqu'elle a pour appui la volonté nationale, qui est sa véritable source, que lorsqu'elle ne repose que sur des usurpations de pouvoirs, qui tôt ou tard finissent par la renverser.

Il est deux classes d'individus qui, sous tous les Gouvernemens monarchiques, parviennent plus ou moins à séduire le souverain ou à faire haïr son autorité: ce sont les courtisans et les ministres. Un Roi n'est malheureusement qu'un homme; et comment un homme, à moins que la nature, d'accord avec nos institutions sociales, n'eût voulu l'élever au-dessus de tous les autres en facultés intellectuelles, résisterait-il sans cesse à ces louanges adulatrices, qui savent l'amener avec adresse et graduellement jusqu'au point de ne lui laisser apercevoir dans la proposition de son apothéose qu'un hommage justement mérité.

Sous un Roi que ses lumières, ses malheurs et ses intentions paternelles rendent cher aux Français, ces vils flatteurs sont peu à craindre, parce qu'il n'en est aucun qu'il ne soit à même d'apprécier, ou contre qui il ne sache se tenir en garde; mais il n'en est pas ainsi à l'égard des ministres: après vingt-quatre ans d'absence, comment le Roi pourrait-il en effet juger autrement que par l'expérience telle réputation qui peut fort bien n'avoir été qu'usurpée? Comment peut-il savoir si, en raison de circonstances plus difficiles, tel ministre, déjà au-dessous de sa place par ses moyens, n'en rend pas de plus l'autorité odieuse par ses manières? Les ministres, dira-t-on, sont obsédés de sollicitations importunes : eh bien ! qu'ils sachent écarter la foule des solliciteurs, en augmentant les sources de prospérité publique; ou si un tel effort est au-dessus de leur génie, qu'ils accordent du moins plus de bienveillance au malheur.

Il est une vérité qui, pour n'être méconnue de personne de bonne foi en France, n'en doit pas moins être souvent répétée dans ces circonstances : c'est qu'à la suite du désordre, de la confusion, de l'état pitoyable en un mot dans lequel le Roi retrouve son peuple après tant de révolutions successives de tout genre, et surtout après les folles dissipations du Gouvernement précédent, il est impossible à Sa Majesté de subvenir à tous nos maux, et d'en faire disparaître le souvenir et le dommage. Mais le Roi n'évite aucune occasion de se montrer aux Français, et toujours ses regards bienveillans semblent leur dire qu'il connaît leurs besoins, et regrette de n'avoir pas les moyens de les faire cesser à l'instant. Les ministres, au contraire, ou du moins certains parmi eux, presque toujours inabordables, ne se montrent quelquefois que pour repousser durement les malheureux que leur situation fait s'exposer à leurs dédains, dans l'espérance de voir agréer l'hommage de leur zèle.

Parmi les diverses personnes avec lesquelles j'ai eu occasion de m'entretenir fréquemment de l'ouvrage que je publie, il en est qui m'ont observé qu'un projet de ce genre n'eût rien perdu à être préparé en secret ; je dois donc compte ici des causes qui m'ont porté à le rendre public.

Par la 2e. *Suite de mes Réflexions sur le Commerce de France,* j'ai fait connaître les motifs qui me déterminèrent l'an dernier à entreprendre à mes frais, et comme simple particulier, le voyage que j'ai fait pour juger par moi-même de l'état de l'industrie française sur la ligne qui s'étend de Marseille à Anvers. Cet écrit présentant quelques notions assez détaillées de ce genre, je crus devoir m'empresser d'en envoyer un exemplaire à M. le directeur-général des manufactures et du commerce, en l'invitant, après qu'il aurait eu la possibilité de sacrifier un instant à le parcourir, à m'accorder un entretien, pour lui soumettre quelques idées subséquentes relativement à ces objets importans. Ces vues particulières, que je ne désignais pas dans ma lettre, mais que j'ai fait connaître depuis à S. Ex. le ministre des affaires étrangères, avaient pour but d'obtenir le tableau comparatif de l'état actuel de l'industrie anglaise; tableau qui ne serait sans doute pas inutile en ce moment, afin de pouvoir apprécier d'une manière plus certaine les avantages ou les inconvéniens qui devraient résulter d'un traité de commerce entre la France et l'Angleterre. Je me proposais de parler aussi à M. le directeur-général des manufactures et du commerce, du plan que je présente aujourd'hui, relativement à la nouvelle direction à donner à nos relations commerciales avec l'Asie; mais étantresté sans réponse, et n'ayant aucun motif particulier d'insister à cet égard, je me suis déterminé à rendre public l'ouvrage qu'on va lire.

Il est possible que je me trompe sur les résultats qui doivent en provenir; dans ce cas, cette erreur viendra de la confiance que je dois porter au plus grand ministre que la France ait jamais eu (1), et elle me servira d'excuse assurément bien valable. Colbert, ainsi qu'on le verra dans le cours de cet ouvrage, frappé des grands avantages que l'île de Madagascar devait procurer à nos établissemens dans l'Inde, voulut en faire le chef-lieu de ces établissemens. Je n'ignore pas que parmi nos savans économistes du jour, il en est plusieurs qui, tout en voulant bien con-

---

(1) 1683, mort de M. Colbert, âgé de 64 ans, le 6 septembre. « L'éclat et la prospérité de ce règne, » la grandeur du Souverain, le bonheur des peuples » feront regretter à jamais le plus grand ministre » qu'ait eu la France. » *(Nouvel abrégé chronologique de l'Histoire de France.)*

venir que Colbert fut un habile administrateur pour son temps, prétendent *que ce qui pouvait être un trait de génie alors, ne peut plus offrir les mêmes avantages aujourd'hui, etc.* Mais tant que les systêmes nouveaux ne présenteront qu'une théorie spécieuse, dont la pratique démontrera aussi souvent l'erreur, les bonnes gens croiront pouvoir trouver encore quelque chose d'utile dans les vues d'un grand homme, quoiqu'il date de plus d'un siècle.

Du reste, si la publicité du projet que je présente peut, sous quelques rapports, avoir des inconvéniens, d'un autre côté, cette publicité peut seule donner lieu à une émulation qui doit en rendre les moyens d'exécution infiniment plus faciles.

CONSIDÉRATIONS

POLITIQUES

SUR L'ÉTAT ACTUEL DE L'EUROPE.

L'histoire moderne présentera aux méditations des générations futures deux époques singulièrement remarquables, où l'Europe entière, à la suite de divisions intestines, inondée de sang et lassée de carnage, s'est vue enfin contrainte de mettre un terme à ses efforts meurtriers, par les traités d'Utrecht en 1713, et par celui de Paris en 1814.

« Les années qui suivirent la pacification » d'Utrecht, » a dit un historien dangereusement célèbre (1), « rappelèrent le siècle » d'or à l'univers, qui serait toujours assez » tranquille, si les européens qui ont porté » leurs armes et leurs haines dans les quatre » parties du monde, n'en troublaient pas » l'harmonie. Les champs ne furent plus

---

(1) Raynal.

» jonchés de cadavres; on ne ravagea point
» la moisson du laboureur; les mères ne
» virent plus leurs enfans arrachés de leurs
» foyers, pour aller prodiguer leur sang aux
» caprices d'un roi ou d'un ministre ambi-
» tieux. — La soif du sang paraissait apai-
» sée, et tous les peuples s'occupaient avec
» une grande ardeur, avec des lumières
» nouvelles, de leur population, de leur
» culture, de leur industrie. »

Si ce tableau présente d'une part l'état actuel et les espérances de la France, de l'autre, les conditions de la paix d'Utrecht n'offrent pas moins d'analogie avec celles de la paix de Paris.

Par le premier de ces traités, le roi de Prusse acquit le titre de Majesté (1); par le second, ou du moins par les circonstances qui l'ont précédé, il a reconquis son royaume.

En 1713, tout ce que la France ou ses

---

(1) Le Roi de France, tant en son nom qu'en celui du roi d'Espagne, promet de donner à l'avenir le titre de Majesté au roi de Prusse, qui s'engage de rendre la ville de Rhinberg à l'électeur de Cologne. (*Abrégé chronologique de l'Histoire de France.*)

alliés possédaient des Pays-Bas catholiques, dut être remis à la maison d'Autriche, ainsi que les duché, ville et forteresse de Luxembourg, Namur, Charleroi, Nieuport, etc. En 1814, la Belgique doit également être restituée.

Par le traité d'Utrecht, Gibraltar, Port-Mahon et toute l'île de Minorque, furent cédés à l'Angleterre, qui reçut d'ailleurs de grands avantages, relativement au commerce dans les Indes occidentales.

Par celui de Paris, l'Angleterre acquiert de plus la possession définitive de l'île de Malthe, le cap de Bonne-Espérance, l'île de France, et des conditions de paix qui doivent ajouter la plus grande sécurité à sa domination sans cesse croissante dans l'Inde.

Les considérations politiques qui émanent de ces traités, ne sont pas hors de mon sujet; il en est qu'il est impossible de méconnaître, et sur lesquelles je dois m'arrêter ici un instant.

Dans l'état actuel de l'Europe, lorsque tous les peuples cherchent à établir leur force politique sur le commerce, l'intérêt des puissances continentales serait de rester unies entr'elles, puisque l'effet de leurs divisions, ainsi que nous venons de le voir, tourne toujours au profit d'un peuple ambitieux qui tend sans cesse à agrandir, à leur détriment, son commerce et sa puissance maritime.

En 1713 comme en 1814, si les puissances continentales avaient su apprécier leurs véritables intérêts, elles se seraient mieux défendues des suggestions qu'une politique intéressée à semer parmi elles des levains de discorde, s'efforce depuis longtemps de présenter à leur amour-propre ou à leur ambition. Méconnaître les limites que la nature assigne à un grand empire, c'est vouloir l'exciter à la guerre. A quelles divisions intestines l'Espagne n'a-t-elle pas été exposée, tant que ses provinces ont formé des royaumes différens ! et combien de fois encore ne portera-t-elle pas ses armes en Portugal, jusqu'au moment où ce petit royaume lui sera enfin de nouveau réuni ! Que n'ont pas coûté à la France, sous les règnes de Louis XII et de François Ier., ses efforts glorieux, mais imprudens, sur un pays dont les limites naturelles étaient en opposition avec ses droits légitimes ! et si dans ces temps malheureux, où de grands vassaux fondaient leur puissance sur la faiblesse du souverain, les Anglais sont parvenus à conquérir une partie de la France; la France, même sous le règne du faible et insouciant Charles VII, ne les a-t-elle pas chassés de son territoire ?

Les Pyrénées séparent l'Espagne de la France; la France est elle-même séparée de l'Italie et de la Suisse par les Alpes, de l'Allemagne et de la Hollande par le Rhin; et, quel que soit le souverain à qui la Belgique, ainsi enclavée dans les limites naturelles de la France, doive appartenir désormais, ses efforts seront impuissans pour la défendre contre un peuple naturellement guerrier, qui ne manquera pas de l'envahir, dès qu'un de ses rois lui en présentera la conquête, comme fondée sur des titres anciens, ou devant ajouter de nouveaux trophées à sa gloire.

Dans la lutte sanglante qui s'élevera à ce sujet, les peuples du continent, ligués les uns contre les autres, s'égorgeront encore, jusqu'à ce que, fatigués de carnage, ils éprouvent la nécessité d'y mettre un terme. Alors qu'en sera-t-il résulté ? Ils auront fait des pertes énormes pour fournir à l'Angleterre de nouveaux moyens d'agrandissement et de prospérité. Le gouvernement anglais a fait une épreuve qui sera souvent funeste au continent, du puissant effet de l'or, pour exciter les hommes à se détruire; et les subsides pécuniaires sont de toutes les amorces celle dont les rois qui voudront ménager le sang de leurs peuples, devront à l'avenir se défier le plus. C'est en vain que le cabinet britannique nous a bercés de l'idée qu'en combattant le soldat audacieux qui menaçait l'Europe de la charger de fers, il n'avait d'autre but que de rendre la liberté au monde. Un effort aussi louable était digne, sans doute, d'une nation éclairée, qui est de plus grande et forte; mais il n'a été que le prétexte et non le véritable motif qui a animé son gouvernement : l'événement ne le prouve que trop. L'équilibre politique, qui peut seul procurer une plus longue paix, n'est-il pas aussi nécessaire sur mer que sur terre, et la liberté de l'un de ces élémens appartient-elle moins au monde que la liberté de l'autre ? Or, comment l'équilibre politique pourra-t-il être maintenu, lorsque les Anglais restent maîtres sur toutes les mers, de tous les points qui peuvent en défendre l'accès ? Dans les mers de l'Inde, n'était-ce pas assez de leurs immenses possessions, sans l'île de France et le cap de Bonne-Espérance? Dans la Méditerranée, n'était-ce pas beaucoup de Gibraltar (1), sans l'île de Malte. L'ordre de Malte formait un état mixte, qui étant étranger à toute espèce d'opérations commerciales, bien loin de menacer les relations des peuples riverains de la Méditerranée, ne servait au contraire qu'à les protéger contre les pirateries auxquelles elles sont souvent exposées. Mais les Anglais ont voulu avoir l'île de France et le cap de Bonne-Espérance pour molester notre commerce avec l'Inde, et l'île de Malte leur a paru nécessaire pour porter une atteinte mortelle à notre commerce du Levant.

Les Anglais, objectera-t-on, jouissent par droit de conquête.

En l'état actuel de civilisation de l'Europe,

---

(1) Je ne parle point de Ceuta, qui est en ce moment occupé par les Anglais; mais si les bruits qui circulent à cet égard, qu'ils ont obtenu cette cession importante de l'Espagne lors des derniers troubles, sont fondés, il est positif que, maîtres des deux clefs de la Méditerranée, aucun bâtiment ne pourra désormais en sortir ou y entrer que sous leur bon plaisir et avec leur agrément.

il est impossible d'admettre ce droit dans toute son étendue, sans s'exposer à des représailles plus ou moins certaines, et qui peuvent devenir plus ou moins funestes. Les Anglais ne pouvaient pas plus retenir la totalité des conquêtes que nos orages révolutionnaires les ont mis à même de faire sur la France et sur ses alliés, que Napoléon lui-même, parvenu au degré de puissance le plus formidable, n'a pu, après l'entrée victorieuse de ses troupes à Vienne et à Berlin, réunir ces empires à celui dont l'étendue portait déjà tant d'ombrage à l'Europe, et a fini par la soulever tout entière contre lui. L'alliance de l'héritière d'Angleterre avec le prince d'Orange n'annonce que trop les vues du gouvernement britannique, qui en réunissant sous la même domination ses immenses possessions à celles de la Hollande, va bientôt se trouver maître absolu de l'Inde. Cette alliance et l'espoir de participer à ce commerce important, peuvent bien rendre la Hollande indifférente au sort du cap de Bonne-Espérance; mais pour peu que les nations maritimes de l'Europe tiennent à prendre une part directe au commerce de l'Inde, pour peu qu'elles veuillent éviter de n'y être admises qu'au titre humiliant et très-subordonné de simples facteurs des anglo-hollandais, n'ayant d'autre faculté que celle d'aller payer chèrement dans l'Inde les objets rebutés par eux, il est impossible qu'elles méconnaissent le danger dont elles sont menacées, lorsque le continent de l'Inde devient en quelque sorte la propriété exclusive des Anglais, et qu'au moyen de l'île de France et du cap de Bonne-Espérance, ils restent libres d'en fermer l'accès à toutes les nations qu'ils voudront en exclure.

Ce n'est point l'intérêt de la France seulement, mais la nécessité de maintenir un faible équilibre maritime en faveur des puissances continentales d'Europe, qui me fait déplorer la perte de l'île de France. Les frais d'administration de cette île importante étaient une charge pour l'Etat (1), et quoique cette station pût favoriser le commerce, l'île de France, par les attraits que son séjour présentait à nos marins marchands, leur faisait souvent perdre un temps précieux; un luxe dangereux, de fréquentes occasions de

---

(1) Par ceux qu'ils entraînaient sur la côte de Coromandel.

se livrer à des plaisirs coûteux, les entraînaient à des dépenses qui excédaient souvent celles qu'ils eussent dû se permettre. Mais en temps de guerre, la France et tous ses alliés trouvaient à trois mille lieues de l'Europe un port qui servait de refuge à leurs flottes, et où elles pouvaient, au besoin, prendre des vivres et réparer des avaries. Le cap de Bonne-Espérance leur présentait la même ressource. Aujourd'hui les Espagnols, dirais-je aussi les Portugais (1), les Russes, les Danois, tous les peuples du continent de l'Europe en un mot, si leur activité industrieuse les porte vers l'Inde, sans refuge intermédiaire sur ces mers éloignées, devront errer au gré des vents et des tempêtes, à moins qu'ils ne veuillent payer, par une soumission humiliante ou par des concessions coûteuses, le droit d'y naviguer.

Napoléon fut-il donc jamais aussi puissant sur terre que les Anglais le deviennent sur mer? Ce prince, que la postérité jugera plus impartialement que ses contemporains, sut du moins bien apprécier les véritables intérêts du continent, dont il fit le prétexte à ses

---

(1) Le sort du Portugal est encore incertain.

ambitieux projets. Nous sommes trop près des événemens, ils se sont succédés avec trop de rapidité, ils ont heurté trop d'intérêts, pour qu'il soit possible de les juger sainement. Toutes les fois, d'ailleurs, que le chef d'un Etat a joué un rôle aussi important, c'est à l'histoire, et non à ses contemporains, qu'il appartient de le juger, parce qu'il doit l'être moins sur des faits isolés que sur l'influence, que l'ensemble de son administration a dû ou pouvait exercer. Assurément les contemporains de Louis XI et du cardinal de Richelieu ont dû porter à leur égard un jugement tout différent du nôtre : mais il n'est plus personne aujourd'hui qui puisse méconnaître l'influence du génie de ces deux hommes célèbres sur les destinées de la France. Le plan que poursuivait Napoléon (faisons ici abstraction de l'individu) était grand et digne d'un meilleur succès; il avait pour but de rendre au continent la liberté des mers. Ses ennemis eux-mêmes ont porté hommage à la gloire de ses armes; et il n'est personne en France qui puisse méconnaître que c'est pendant les guerres les plus meurtrières et les plus opiniâtres qu'ont été élevés ces monumens admirables, qui attesteront à la postérité la plus reculée la grandeur du siècle présent. Il n'est personne de bonne foi qui puisse méconnaître que c'est malgré l'opposition que lui présentaient des coalitions sans cesse renaissantes, que les arts et l'industrie se sont élevés, non-seulement en France, mais dans tous les états du continent, à un degré de supériorité qu'ils n'auraient pas atteint de long-temps sans l'énergie qu'il parvint à imprimer aux actes de son gouvernement. Si Napoléon eût su mieux se défendre de l'orgueil que firent naître des succès aussi brillans, de la sécurité que ces succès durent lui inspirer, des louanges adulatrices qui entretinrent cette sécurité; s'il fût né roi ou simple consul en un mot, il eût triomphé de tous les obstacles qui lui ont été suscités: né roi, il eût inspiré moins de haines à ses alliés, pour lesquels peut-être il eût eu plus d'égards; resté consul, il se fût attiré plus de confiance de la part de ses concitoyens.... La seule conséquence que nous puissions tirer en ce moment de la lutte formidable qui s'était élevée entre ce prince et le gouvernement britannique, c'est que l'un aspirait à la suprématie de la terre, et l'autre à celle de la mer. Napoléon a succombé; mais en résultat, sa défaite sera-t-elle plus favorable au continent que le triomphe de son ennemi ?

Que les puissances continentales y prennent garde ! elles sont aujourd'hui dans une position qui n'est pas bien différente de celle dans laquelle elles se trouvaient lors de l'affaire d'Austerlitz (1).

Une politique astucieuse et perfide s'est

---

(1) Ce que je viens de dire de Napoléon pourrait paraître suspect de quelque partialité aux personnes dont je ne suis point connu ; je dois donc déclarer ici que, bien loin de lui avoir été redevable d'aucune grâce ou d'aucune faveur particulières, malgré les titres que pouvaient me faire des missions honorables remplies gratuitement dans l'intérêt de mes concitoyens, et ceux que je pouvais devoir à d'autres motifs non moins recommandables, ainsi que tant d'autres Français, dont les sentimens ou les opinions ne lui présentaient pas assez de garantie; je n'ai jamais pu, sous son gouvernement, me voir admis à servir plus directement mon pays, auquel je suis et j'ai toujours été jaloux de consacrer le peu de moyens qui me sont personnels ; mais ces considérations ne sauraient m'empêcher de reconnaître que, sans la guerre inconsidérée d'Espagne, et sans la campagne désastreuse de Moscou, l'extrémité à laquelle ce prince était déjà parvenu à réduire l'Angleterre, devait bientôt assurer au continent la liberté des mers.

exercée long-temps à entretenir une défiance soupçonneuse entre la France et la Russie; mais qu'ont à redouter l'un de l'autre deux empires qui sont situés aux extrémités opposées de l'Europe ? La Russie et la France ne peuvent point s'attaquer réciproquement, sans avoir comprimé la résistance d'opinions ou d'intérêts qui peut leur être opposée par plusieurs états intermédiaires. Dans des positions pareilles, d'ailleurs, et pour peu que la nature leur ait assigné des limites qui ne permettent pas qu'ils soient cernés de toutes parts, les peuples ne sont jamais conquis que par la faute de ceux qui les gouvernent : c'est une vérité que le progrès actuel des lumières rendra désormais plus évidente, que la seule puissance des rois est celle qui repose sur le bonheur et sur la liberté des peuples. La puissance colossale de Napoléon, uniquement fondée sur des moyens d'oppression et de terreur, s'est écroulée en un instant; et l'Espagne, privée de ses troupes, qui avaient été astucieusement attirées en Danemarck, a reconquis ses droits, si étrangement compromis par la faiblesse d'un souverain trop crédule, et par la condescendance coupable d'un ministre trop ambitieux. La France n'a donc pas plus à craindre de la part de la Russie, que la Russie elle-même de celle de la France; et il n'est pas difficile d'apercevoir d'où peuvent être provenus les motifs de défiance réciproque, que pendant long-temps on a cherché à exciter entre elles. La France et la Russie, comme puissances maritimes, ont au contraire un grand intérêt à rendre leur alliance plus intime, celui de maintenir sur mer le même équilibre politique qui vient de s'établir sur terre. Napoléon ne dut pas compter assez sur des alliances momentanées et contraintes, pour essayer de devoir à la seule persuasion ce qu'il crut d'ailleurs pouvoir obtenir de la force; mais lorsque l'intérêt est le même pour tous, et qu'il semble le commander aussi impérieusement, serait-il donc impossible de s'entendre pour faire cesser une dépendance humiliante et nuisible (1)?

---

(1) Si d'une part la distance qui sépare la France de la Russie doit bannir toute crainte sur des attaques respectives entre elles, de l'autre, la nature des productions de ces deux empires est telle, qu'ils ne peuvent que gagner infiniment l'un et l'autre en restant

Tous les peuples maritimes doivent renoncer à avoir aucune relation suivie avec l'Inde, ou s'attendre à ne pouvoir y figurer

toujours étroitement unis. La Russie recueille en grande abondance des chanvres, des bois de construction, des suifs, des brais, des goudrons, des fers et autres munitions navales, pour lesquels la France lui offre des débouchés très-importans et très-avantageux. Par contre, aucune nation en Europe ne peut offrir à la Russie une plus grande quantité d'objets d'échange que la France, et les lui fournir à aussi bon marché. L'espèce de monopole intérieur que les Anglais ont fondé sur le commerce de la Russie, lui est infiniment préjudiciable, tandis que ses relations avec la France lui deviendront de plus en plus lucratives. Mais l'accroissement considérable que des relations aussi importantes peuvent prendre par la mer Noire, rendent la Russie aussi intéressée que la France à maintenir la plus grande liberté de navigation sur la Méditerranée, et sous ce rapport, qui, au premier aperçu, semblerait devoir être plus direct à la France, la Russie n'en est pas moins intéressée à faire cause commune avec elle.

Les pavillons de Suède, de Danemarck, et en dernier lieu ceux de la Prusse et même de l'Autriche, flottaient sans cesse dans les ports de la Méditerranée, et lorsque, plus jalouses d'accroître leur marine et de favoriser leur commerce, ces deux dernières puissances surveilleront davantage les abus qui s'étaient désormais que tout autant que les Anglais voudront bien le permettre. Pourquoi donc ne s'uniraient-ils pas pour maintenir la dignité de leur pavillon, pour diriger de nouvelles relations vers un des points de l'Asie qui n'a presque pas été exploité encore, et où, au moyen d'intelligences amicales fondées sur la justice et sur des convenances respectives, ils acquerraient la possibilité d'établir un commerce plus sûr et plus avantageux que dans l'Inde.

L'île de Madagascar leur en offre les moyens.

Dans leurs conquêtes sur l'Inde, les Anglais ont eu à soutenir des combats opiniâtres contre les Portugais et les Hollandais, qui les y avaient précédés. A Madagascar, en cherchant à se concilier avec les naturels du pays, les puissances maritimes du continent seraient certaines du succès de leurs entreprises.

Les moyens que je vais proposer pour la France peuvent être également adoptés par

---

introduits chez elles relativement à des naturalisations trop faciles, leur intérêt à cet égard sera le même que celui de la France et de la Russie.

les autres peuples du continent de l'Europe, qui, en réunissant leurs efforts sur un point aussi vaste, trouveraient ainsi plus de moyens de les diriger et de les soutenir en Asie; tandis que, d'autre part, faisant cause commune en Europe, ils auraient à y opposer aux Anglais des moyens de représailles auxquels il pourrait devenir imprudent et peut-être dangereux de s'exposer.

De la nécessité de changer nos relations commerciales en Asie, et des moyens d'y parvenir.

Par mon *Mémoire historique et politique sur le Commerce de l'Inde*, publié en 1802, j'ai déjà eu occasion de démontrer que même dès cette époque Pondichéry, Chandernagor et quelques autres possessions aussi précaires et aussi limitées, bien loin de nous offrir des ressources qui pussent nous suffire, n'étaient que des portions de territoire insignifiantes qui semblaient n'avoir été abandonnées aux Français, que pour leur laisser la possibilité d'aller rendre hommage dans l'Inde à la grandeur et à l'opulence de leurs rivaux. Des moyens aussi bornés sont peu convenables; et puisque, par l'effet des malheurs éprouvés dans l'Inde en 1761, et par ceux, bien plus graves encore, qu'ont entraînés nos orages révolutionnaires, il ne reste à la France aucune possibilité de reparaître dans ces états avec l'éclat dont elle y fut jadis entourée ; puisque le système commercial actuel, fondé sur de trop faibles moyens, n'offre plus assez de ressources pour remplir à la fois les vues du Gouvernement et les espérances des particuliers, il faut créer de nouvelles relations commerciales, les fonder sur une grande population indigène, sur de riches productions territoriales et sur l'industrie et la liberté d'un peuple nouveau. Un tel système peut seul balancer le commerce et la puissance des Anglais, dont la prépondérance est également assurée par des revenus et des propriétés considérables dans l'Inde.

Je vais proposer des vues nouvelles, pour l'exécution desquelles il faudra des renseignemens suivis avec exactitude, et des démarches faites avec prudence; mais des probabilités fondées sur l'expérience, attestent qu'il n'y a de merveilleux ici que la nature et l'étendue d'un territoire qui réunit tous les avantages propres aux changemens commerciaux que je propose. Ces changemens devront être obtenus par la justice des concessions faites à la France, et non par la force de ses armes; ils auront pour objet de nous procurer dans quelques années, sur des mers éloignées, des lieux de relâche indispensables, tous les matériaux propres à armer ou à réparer nos vaisseaux, des rafraîchissemens abondans et peu coûteux pour nos équipages, des moyens puissans de protection pour notre commerce avec l'Asie, la possibilité, plus avantageuse encore, de faire ce commerce comme celui des Antilles, par l'envoi des denrées de notre territoire et des produits de notre industrie, en échange de ce que l'Inde peut fournir de plus précieux à l'Europe.

La France trouvera ces immenses ressources dans l'île de Madagascar, dont il convient de donner ici une description abrégée.

D'après l'opinion de quelques géographes, Madagascar est la Cerné de Pline, et la Menuthias de Ptolomée. Cette île, située entre le 12e. et le 26e. degré de latitude, le 62e. et le 70e. de longitude, est presque aussi grande que la France. La nature, sans cesse en végétation, y produit une grande quantité de plantes aromatiques, médicinales, propres à la teinture et autres. On y trouve en grande abondance le miel, les bananes, le chou caraibe, le ravensera et plusieurs autres espèces de muscadiers sauvages ; du lin, une sorte de chanvre qui surpasse en force et en longueur celui d'Europe ; le poivre blanc, la gomme laque, les uccin, l'ambre gris. Le café, le coton, l'indigo, le sagoutier, les cannes à sucre y sont indigènes ; le riz y vient au moyen d'une culture presque entièrement abandonnée au hasard ; le blé se resème de lui-même dans la partie méridionale de l'île ; des troupeaux considérables couvrent nuit et jour ses prairies sans cesse renaissantes, et partout la terre féconde y prodigue à ses heureux habitans des richesses qu'ils peuvent recueillir presque sans travaux.

Plusieurs provinces fournissent de la soie en grande quantité. M. Rochon a reconnu aux environs de la baie d'Antongil quatre espèces de cocons, dont celle connue par les naturels du pays sous le nom d'*andevontaqua*, fournit de la soie plus fine et tout aussi belle que celle de la Chine.

Il y a des mines de cuivre et d'un fer très-pur. En général, on y rencontre presque tous les métaux. Les bois propres à la construction, différentes espèces de résines et de goudrons y sont abondans.

Ainsi, au premier aperçu, Madagascar produit :

1°. Beaucoup plus de denrées et de bestiaux qu'il n'en faudrait pour la subsistance d'une population infiniment plus nombreuse que celle de ses habitans actuels (1);

2°. Toutes les denrées ou marchandises qui peuvent donner lieu à un commerce d'exportation considérable, ou à l'établissement de grands ateliers d'industrie;

3°. Tous les bois, toutes les matières propres à la construction ou à l'équipement des vaisseaux, des teintures précieuses aux arts, etc., etc.

En 1773, lorsque l'île de France, à la suite de trois ouragans qui se succédèrent avec rapidité, et y détruisirent toutes les récoltes, se voyait à la veille de périr de faim et de misère, parce que les secours à tirer

---

(1) On n'a encore que des données incertaines sur la population de Madagascar, évaluée à environ trois à quatre millions d'habitans.

du cap de Bonne-Espérance eussent été beaucoup trop tardifs et trop coûteux, Madagascar sauva les habitans de cette île précieuse : le seul quartier de Foulepointe leur fournit dix grands bâtimens chargés de riz, et ces chargemens furent complétés, sans que cette denrée de première nécessité éprouvât sur les lieux la moindre augmentation de prix.

Par nos derniers traités avec les chefs de Madagascar, on obtenait le plus beau bœuf à choisir dans les troupeaux, pour un fusil de traite qui coûtait en France 7 l. 10 s.; une mesure de riz du poids de cinquante livres pour une brasse de toile bleue, etc., etc.

Indépendamment de ces avantages naturels, les communications avec l'Afrique et l'Asie sont faciles, et mettraient à portée de fournir au continent de l'Afrique, à la côte de Malabar, à celle de Coromandel, les denrées et les produits d'industrie de l'île; celles avec la France offrent un trajet plus court d'un tiers que celui de l'Inde, et par cela même exigeraient, de la part du commerce, une avance de fonds d'un terme moins long, en même temps qu'elles éviteraient aux marins les dangers d'une navigation plus prolongée, et ceux que présente surtout l'entrée du

Gange, dont les écueils varient après toutes les fortes eaux, et où nous n'avions plus depuis très-long-temps ni *boths* convenablement entretenus, ni pilotes suffisamment instruits.

Des ateliers de filature et des fabriques de mousseline pourraient y être établis avec facilité, et devenir pour la France d'autant plus avantageux, que ces branches, d'une industrie si précieuse, pourraient être cultivées à Madagascar par des colons aisés et par un peuple moins asservi que celui de l'Inde. Ce peuple brut, nombreux et brave, qui a déjà quelques légères notions d'une industrie grossière, serait d'autant plus susceptible de civilisation, que n'ayant pas les préjugés des Indiens, bien loin d'opposer comme eux une résistance insurmontable à nos mœurs et à nos lois, il finirait par accueillir tout ce qui tendrait à multiplier ses jouissances.

L'usage de la charrue, l'introduction des ingénieuses machines à filer, et tant d'autres preuves si convaincantes de la supériorité de l'agriculture ou de l'industrie européennes, présenteraient aux Madécasses des exemples utiles, capables de détruire leur apathie actuelle, fruit de l'ignorance et de l'isolement.

Les côtes de Madagascar n'offrent point

encore, il est vrai, de port qui soit sûr; mais rien ne paraît plus facile que d'en faire un excellent de l'étang de Bosse-Bé, dans le quartier de Tamestave, le plus fertile et le plus sain de l'île. Pour y faire arriver les plus gros bâtimens, il suffirait de creuser l'espace d'une lieue et demie la grande rivière qui s'y jette. Cette position aurait même cela d'heureux, qu'avec quelques précautions on pourrait en fermer l'entrée aux escadres ennemies. Foulepointe, le port Choiseul, la grande baie d'Antongil, le fort Dauphin, l'île Sainte-Luce, l'île Sainte-Marie, où la compagnie des Indes avait un comptoir, offriraient d'ailleurs les moyens de choisir dans ce genre la position la plus avantageuse et la plus favorable, si la réussite des vues dont il est ici question engageait le Gouvernement à faire cette dépense.

L'insalubrité des côtes, qui ne s'étend qu'à une ou deux lieues du rivage, a une cause connue, et on y remédierait en donnant un écoulement aux eaux que retiennent, après la saison pluvieuse, les sables des plages mis en opposition par la mer.

On peut d'ailleurs fréquenter ces parages sans danger depuis le mois de mai jusqu'à la fin d'octobre, époque favorable au commerce, puisque c'est celle des récoltes de toute espèce.

Des défrichemens considérables entrepris pendant cette saison, auraient le double avantage d'assainir le pays, et d'augmenter les ressources qu'il peut fournir à l'agriculture et au commerce.

Madagascar, comme pays agricole, est infiniment plus précieux que l'île de France, dont le sol est pierreux, ocracé, et peu profond; et indépendamment de la qualité des produits, elle a trente mille lieues carrées de superficie, tandis que l'île de France n'en a que cent douze.

Ce qui doit inspirer plus de confiance, relativement à un projet qui, dans l'état actuel des choses, semble commandé par les circonstances, c'est que ce projet a été sanctionné déjà par de grands administrateurs, par des écrivains célèbres et des voyageurs instruits, qu'une connaissance plus parfaite des lieux a mis à même d'en parler plus pertinemment encore.

Colbert fut frappé des avantages que l'île de Madagascar devait procurer à nos établissemens dans l'Inde, et voulut en faire le chef-lieu de ces établissemens. Dès son ministère, les grandes vues de cet administrateur eussent été remplies, si leur exécution en eût été confiée à des agens qui, au lieu d'employer la violence et des exactions odieuses, se fussent présentés aux Madécasses comme des amis de la paix et de l'humanité, ayant moins l'intention de les dépouiller et de les asservir, que le désir de les faire participer aux jouissances de l'industrie de l'Europe, et aux avantages de sa civilisation.

La Bourdonnais, après avoir réparé dans la grande baie d'Antongil les malheurs arrivés à son escadre, conserva toute sa vie le regret de n'avoir pas mieux connu les productions et les avantages de l'île de Madagascar, pendant qu'il avait été gouverneur de l'île de France.

Raynal énonce la même opinion, et ajoute que si l'expédition de 1773 ne réussit pas, c'est parce que la France n'envoya, en grande partie, à Madagascar, à cette époque, que des vagabonds ramassés dans les boues de l'Europe.

Le projet de former un établissement solide dans cette île, ajoute l'auteur de l'*Histoire philosophique*, était sage, et l'exécution n'en devait pas être fort coûteuse.

« Toutes les colonies que les européens
» ont établies en Amérique pour en obtenir
» des productions, ou au cap de Bonne-
» Espérance, dans les îles de France, de
» Bourbon, de Sainte-Hélène, pour l'ex-
» ploitation de leur commerce aux Indes,
» ont exigé des dépenses énormes, un très-
» long temps et des travaux considérables.
» Plusieurs de ces régions étaient entière-
» ment désertes, et l'on ne voyait dans les
» autres que des habitans qu'il n'était pas
» possible de rendre utiles. Madagascar of-
» frait, au contraire, un sol naturellement
» fertile et un peuple nombreux, docile et
» intelligent, qui n'avait besoin que d'ins-
» truction pour seconder efficacement les
» vues qu'on se proposait.

» Ces insulaires étaient fatigués de l'état
» de guerre et d'anarchie où ils vivaient
» continuellement; ils soupiraient après une
» police qui pût les faire jouir de la paix et
» de la liberté. Des dispositions aussi favo-
» rables ne permettaient pas de douter qu'ils
» ne se prêtassent facilement aux efforts
» qu'on voudrait faire pour leur civilisa-
» tion.

» Rien n'était plus aisé que de la rendre

» très-avantageuse. Avec des soins suivis,
» Madagascar devait produire beaucoup de
» denrées convenables pour les Indes, pour
» la Perse, pour l'Arabie et pour le conti-
» nent de l'Afrique. En y attirant quelques
» Indiens et quelques Chinois, on y aurait
» naturalisé tous les arts, toutes les cultures
» de l'Asie. Il était facile d'y construire des
» vaisseaux, parce que les matériaux s'y
» trouvaient de bonne qualité et en abon-
» dance ; de les armer même, parce que les
» hommes s'y montraient propres à la navi-
» gation. Toutes ces innovations auraient eu
» une solidité que les conquêtes des euro-
» péens n'auront pas aux Indes, où les natu-
» rels du pays ne prendront jamais nos lois,
» nos mœurs, notre culte, ni par conséquent
» cette disposition favorable qui attache les
» peuples à une domination nouvelle.

» Une si heureuse révolution ne devait
» pas être l'ouvrage de la violence : c'était
» par la voie douce de la persuasion ; c'était
» par l'appât si séduisant du bonheur ; c'était
» par l'attrait d'une vie tranquille, par les
» avantages de notre police, par les jouis-
» sances de notre industrie, par la supério-

» rité de notre génie, qu'il fallait amener
» l'île entière à un but également utile aux
» deux nations. »

Il est digne du Gouvernement actuel de tenter par des moyens plus efficaces une entreprise qui peut devenir si avantageuse à l'État. Madagascar peut seule lui fournir la possibilité d'opposer aux Anglais une grande puissance en Asie, et une concurrence redoutable en Europe; mais la réussite d'un pareil projet tient essentiellement aux moyens de justice et de persuasion qui seront employés pour l'obtenir. Pronis, Flacourt, Chamargou, le marquis de Mondevergue, De la Haye, et la Bretèche, se sont succédés comme commandans ou gouverneurs français à Madagascar depuis 1647 jusqu'en 1670. A l'exception du marquis de Mondevergue, qui, plus humain et plus conciliant, était parvenu à rétablir l'ordre dans la colonie lorsqu'il fut dénoncé par De la Haye, les autres, en général, se rendirent plus ou moins coupables d'exactions ou d'abus de pouvoirs jusqu'au départ de la Bretèche, qui, se voyant dans l'impossibilité de maintenir son autorité à Madagascar, porta ses forces à Surate. A l'époque de son départ, les chefs de l'île se réunirent, et exterminèrent tout ce qui y était resté de Français.

Les grands succès obtenus par la suite sur la côte de Coromandel (1), firent oublier Madagascar au Gouvernement; mais lorsqu'il eut tout perdu dans l'Inde, de nouvelles tentatives furent faites sur cette île.

En 1767, M. de Modave présenta au duc de Praslin, alors ministre de la marine, des vues si séduisantes sur Madagascar, et dont l'exécution parut devoir être si facile, si peu dispendieuse et si utile à la France, que cet officier distingué fut nommé gouverneur du fort Dauphin, où il se rendit en 1768. Malheureusement ce nouveau commandant fut contrarié par le gouverneur de l'île de France, et ses projets, quoique dirigés par des principes plus justes et plus humains que ceux des administrateurs qui l'avaient précédé, eurent plus pour objet d'ajouter une nouvelle conquête à la France, que de contribuer au

---

(1) J'en ai donné la description abrégée dans mon *Mémoire historique et politique sur le commerce de l'Inde.*

bonheur et à l'instruction d'un peuple encore sauvage.

Enfin, le comte de Beniouski, cet homme audacieux et si scandaleusement célèbre, obtint en 1773 le gouvernement général de Madagascar. Cette expédition coûta des millions à la France, et la conduite tyrannique de Beniouski à l'égard des malheureux habitans de cette île, acheva de nous les aliéner.

Beniouski, rebelle, fut tué dans le combat que lui livra en 1786 le brave Larcher, commandant les troupes françaises amenées à Madagascar par le vicomte de Castres.

La révolution a détourné de toute idée sur cette île, avec laquelle cependant l'île de France a toujours conservé quelques rapports pour ses approvisionnemens.

Aujourd'hui les Madécasses jouissent depuis long-temps d'une entière indépendance: ils connaissent leurs forces; ils sont mieux armés, et leur courage naturel s'est accru par le souvenir des injustices, des vexations et des cruautés qui ont été exercées contre eux.

Il serait d'autant plus dangereux de tenter le sort des armes à leur égard, que l'insalubrité de leurs côtes pendant six mois de l'année, et la difficulté de pénétrer dans l'intérieur de l'île, sont des obstacles qu'on ne surmonterait pas sans de grandes dépenses, et sans être obligé de sacrifier beaucoup d'hommes. Il est un moyen plus analogue à la justice du Gouvernement, et qui aurait plus d'efficacité dans ses résultats.

Le Madécasse est naturellement bon et hospitalier. Il est sans exemple que jamais le marchand confiant et paisible qui a eu à traiter avec lui pour des approvisionnemens plus ou moins considérables, ait eu à se plaindre d'un acte de violence ou de mauvaise foi de sa part (1). Naturellement apathique, il paraît attacher peu de prix aux jouissances de notre industrie, produites par le goût recherché du luxe et des besoins européens. A Madagascar, le grand bonheur est de ne

---

(1) Ce peuple, quoique grossier, a des notions de justice et d'équité qui sont telles, que le chef d'un hameau, aux environs de Foulepointe, livra à un officier français, pour être son esclave, une femme du pays qui avait volé le linge que cet officier lui avait confié pour blanchir. Cette femme était âgée, et l'officier, qui sans doute ne trouva rien de mieux à en faire, la changea pour un bœuf.

rien faire : là, comme chez certains peuples méridionaux de l'Europe, avant que l'accroissement des lumières eût amené les progrès de leur civilisation, un sexe faible et timide que la nature a fait pour plaire, et que l'abus de la force a souvent asservi, reste seul chargé des travaux du ménage et de l'agriculture ; les hommes ne connaissent d'autre occupation que celle du plaisir; ils chassent, boivent et fument. Mais un peuple qui a déjà quelques notions d'une industrie grossière, qui vit sous un des climats les plus heureux de la terre par sa température et l'abondance riche et variée de ses productions, serait bientôt susceptible d'apprécier tous les avantages qui tiennent à un genre de vie plus recherché. Qu'on habitue insensiblement les Madécasses à une manière d'être plus agréable, à des habitations plus commodes, à des vêtemens qui flattent mieux leurs goûts; qu'on leur présente des plaisirs encore analogues à leurs mœurs, quoique plus variés, bientôt l'exemple déterminera l'habitude, l'habitude le besoin, et, des besoins, naîtront chez ces peuples sauvages le commerce et une activité industrieuse qui, en les initiant à nos goûts et à nos connaissances, et en les faisant participer aux bienfaits de notre civilisation, nous offriront en échange des ressources infiniment étendues.

La révolution qui s'est opérée dans cette île en 1774, nous fournirait aujourd'hui des moyens plus faciles encore d'exécuter les vues que je propose. Jaloux de rendre à la mémoire d'un homme de bien, dont les derniers Gouvernemens ont méconnu le zèle et dédaigné les avis éclairés, un hommage qui doit être agréable à ses mânes, je vais transcrire ici ce qu'il nous apprend de cet événement :

« On trouve à Madagascar des hommes qui y font une race distincte, qui sont d'origine arabe, et dont les ancêtres sont venus de la mer Rouge ; on les nomme Rohandrians. Ils habitent la partie du sud de Madagascar ; ils ont conservé des traditions qui prouvent leur origine. Ces Arabes ont semé à Madagascar des notions de mahométisme, ont fait connaître aux insulaires quelques pratiques de médecine et leur ont appris l'écriture. Dans l'état d'ignorance et de rusticité où ils étaient, ils ont regardé les nouveau-venus comme des êtres supérieurs à eux ; ils les ont placés, dans l'opinion et dans les priviléges qu'ils leur ont accordés, au-dessus des *La-hovits*, qui formaient la noblesse du pays, et les ont reconnus volontairement pour leurs chefs. Vingt-quatre familles de Rohandrians établies au fort Dauphin, gouvernaient le pays depuis quelques siècles; mais en 1774, il s'est fait une révolution qui a rétabli le peuple dans ses droits. Il s'est assemblé spontanément, et il a décidé de ne plus reconnaître les Rohandrians pour ses chefs; il les a appelés, il leur a fait part de sa délibération, et leur a laissé toutes leurs propriétés. En même temps, il a décidé qu'ils ne vendraient plus d'esclaves aux européens. Cette insurrection s'est faite avec une sagesse et une modération qu'on ne devait pas attendre d'un peuple agreste, qui est plongé dans la plus grande ignorance : la révolution n'a pas coûté une goutte de sang. Il est vrai que les Rohandrians se sont soumis sans la moindre opposition; ils ont encore aujourd'hui la considération que donnent partout les richesses : elles consistent en meubles, en armes, en esclaves, et surtout en bijoux, en troupeaux de bœufs et de moutons, mais non en terres. Comme le pays n'est pas peuplé à raison de son étendue, le sol appartient au premier occupant; la chasse et la pêche sont entièrement libres (1). »

Je vais essayer de développer quelques vues particulières sur Madagascar; mais je dois prévenir que j'éviterai d'entrer dans de trop longs détails à ce sujet : car, d'une part, je n'ai pas la prétention de m'ériger en législateur d'une colonie nouvelle, et de l'autre, ces moyens, même d'après leur nature, ne doivent point faire l'objet d'une discussion publique; je n'en parlerai donc que sous des rapports généraux. Ici, la justice et la politique s'accordent pour engager le Gouvernement à tenter de tout obtenir de la confiance et rien de la force; aussi ne proposerai-je point d'envoyer des bataillons armés, d'équiper des flottes considérables, moyens

___

(1) Qu'il est fâcheux, ajoute M. de Cossigni, dans l'ouvrage intitulé *Voyage au Bengale*, que les établissemens que nous avons voulu former plusieurs fois au fort Dauphin et à la baie d'Antongil, le pays le plus malsain de Madagascar, n'aient pas eu les succès qu'on s'en était promis, et que nous ayons été obligés de les abandonner! Ce n'est pas ici le lieu de m'étendre sur ce sujet, et de rappeler les Mémoires que j'ai remis au Gouvernement, dès l'année 1772, sur *Madagascar*.

qui seraient aussi dispendieux, et peut-être inutiles, que contraires aux vues qui ont dicté ces réflexions. Ceux que j'entends désigner seront sans doute plus lents dans leurs effets, mais ils seront moins dispendieux, et surtout plus efficaces; et comme leur réussite tient moins au nombre qu'au choix des sujets à qui on pourrait confier une pareille mission, que cette mission exigerait une unité constante de principes et de mesures, dans chacun des établissemens particuliers à former à Madagascar, je crois devoir rappeler ici l'idée que j'ai émise dans mes divers ouvrages, relativement à la nécessité d'établir entre le Gouvernement et le commerce une commission, un conseil, ou tout autre établissement intermédiaire, qui pût connaître les besoins du commerce et les apprécier, qui pût surveiller les obstacles qui s'opposent à ses succès, et s'efforcer de les aplanir, qui en un mot, sans lui imposer aucune gêne, ne lui présentât que des motifs de confiance, d'encouragement ou de secours. Il y a environ deux siècles que les principales nations de l'Europe cherchent à fonder leur force politique sur le commerce: depuis lors, à mesure que les lumières se sont propagées, les guerres de religion ont cessé, les peuples ont pris quelquefois les armes pour conquérir leur liberté, et les Gouvernemens ont presque toujours fait la guerre, dans l'intention d'accroître ou de favoriser leur commerce. Jusqu'ici cependant, une seule nation exceptée, les autres paraissent avoir eu à cet égard plus de prétentions que de connaissances; et soit que, sous les rapports civils, d'anciens préjugés aient contrarié leurs intentions, soit que, sous les rapports fiscaux, elles aient retardé ou comprimé l'action du commerce, toujours est-il certain que même ceux des peuples dont les produits territoriaux sont les plus riches et les plus variés, restent encore bien en arrière de l'Angleterre. l'Angleterre, objectera-t-on, est une puissance essentiellement maritime, et, sous ce rapport, elle doit être essentiellement commerçante. Cela est vrai sans doute, mais il l'est aussi que, toutes proportions gardées, l'Angleterre ne compte pas moins de fabricans que de marins et de commerçans habiles, et qu'ainsi elle a perfectionné son industrie, en même temps qu'elle a étendu son commerce. Il serait hors de mon sujet d'entrer dans un examen comparatif des avantages que moins de préjugés, plus d'esprit public, et des moyens plus directs et plus favorables de faire parvenir ses réclamations au gouvernement, peuvent assurer au commerce et à l'industrie en Angleterre; mais on me permettra d'émettre ici une observation générale. Chez tous les peuples de l'Europe, chacune des branches de l'administration qui tient à la guerre, à la marine, aux finances, à la politique, fait l'objet de la sollicitude la plus vive des gouvernemens, et ils n'en confient la direction qu'à ceux de leurs sujets qui, par des connaissances de théorie et de pratique, leur paraissent mériter le plus cette preuve de leur confiance. Par une contradiction assez singulière, lorsque le commerce paraît avoir une part si active à la politique actuelle des gouvernemens, ce mobile de tant de jalousies, de tant d'inimitiés, de tant de guerres, n'est considéré en général que comme une des branches les plus secondaires de l'administration, qui peut être indistinctement confiée et livrée aux systêmes divers d'un militaire, d'un magistrat, d'un homme de lettres, et même d'un préposé du fisc. C'est dans ce sens qu'on a toujours raison, lorsqu'on pense que le gouvernement ne doit exercer aucune influence sur le commerce; et il est bien certain que de pareils moyens doivent plutôt lui nuire que le favoriser : mais le gouvernement ne doit jamais rester indifférent à sa marche. Le commerce, lors même qu'il parcourt les routes les mieux connues et les plus pratiquées, peut éprouver des obstacles que le gouvernement peut facilement aplanir, des concurrences quil peut détourner ou comprimer; le gouvernement, en un mot, doit veiller sans cesse à son action, non pour la gêner ou la contrarier, mais comme partie intéressée à faire pencher la balance en sa faveur, au détriment du commerce étranger. Et combien cette surveillance et ces encouragemens ne deviennent-ils pas plus nécessaires encore, lorsqu'il s'agit d'une nouvelle direction à donner à des relations que vingt-cinq années de guerres maritimes nous ont fait perdre de vue, et que des traités nouveaux semblent devoir paralyser. Mais le bien vient souvent de l'excès même du mal : nous venons d'en avoir une grande preuve sous nos rapports civils; et plus une nation rivale, que l'excès de puissance auquel elle est parvenue dans l'Inde, semblait devoir rendre moins craintive, cherche à comprimer nos efforts, plus nous devons y mettre d'énergie. Laissons l'Angleterre en possession paisible des conquêtes qu'elle est parvenue à faire sur nous dans l'Inde, mais donnons à nos relations avec l'Asie une direction plus sûre, en même temps qu'elle se conciliera davantage avec l'humanité, la justice et nos propres intérêts. Jusqu'ici les européens n'ont presque jamais su fonder de colonies qu'en s'y faisant précéder par la destruction et le carnage. Leurs conquêtes, souillées du sang des peuples à qui ils présentaient des fers en retour de l'or ou des denrées les plus précieuses, ont souvent donné lieu entr'eux à des guerres meurtrières, qui n'ont que trop vengé les faibles et malheureux Indiens qu'ils venaient de subjuguer. Les relations que je propose d'ouvrir à Madagascar devraient être fondées sur des bases toutes différentes. Eh ! pourquoi ne tenterions-nous pas de faire usage de moyens de persuasion, au lieu d'employer la violence, pour obtenir d'un intérêt réciproque des échanges qui donneraient à nos produits industriels des débouchés nouveaux, en même temps qu'ils nous fourniraient des matières premières, devenues indispensables à nos besoins ? Pourquoi ces échanges ne pourraient-ils être fondés sur les mêmes principes qui dirigent partout ailleurs des opérations du même genre ? Pourquoi ne traiterions-nous pas, en un mot, avec les habitans de Madagascar comme nous le faisons, je ne dirai pas avec ceux de Constantinople, mais avec ceux de tout autre pays, dont les mœurs, les lois et la religion sont également opposées aux nôtres? Etrange effet de l'orgueil européen ! Eh quoi ! ces peuples vains et fastueux, qui ne veulent paraître dans l'Inde qu'au titre glorieux de conquérans, ces peuples que, dans leur faiblesse et dans leur ignorance, les timides Indiens n'approchent qu'avec crainte et n'abordent qu'avec respect, ne sont-ils pas les mêmes, que dans leurs transactions commerciales, les Turcs, plus insolemment encore, tiennent à une distance si éloignée d'eux? Ah! pour l'observateur froid et calme, que les grandeurs humaines sont petites ! et combien ne doit-il pas sourire de pitié en voyant le sectateur de Mahomet insulter à son tour les fiers vainqueurs de l'Inde, et, dans ses croyances stupides, ne les assimiler qu'à l'animal le plus abject !

En partant des bases que je propose, diverses tentatives pourraient être faites à peu de frais sur Madagascar ; et lors même qu'elles n'auraient pas d'abord tout le succès qu'on est en droit d'en attendre, la modicité des dépenses qu'elles exigeraient ne saurait être mise en comparaison avec les avantages que la France pourrait en retirer.

Les terres n'ont pas un grand prix dans un pays où les récoltes, faites presque sans culture, excèdent de beaucoup les besoins de la consommation. On peut juger de leur peu de valeur par le bas prix des denrées dont j'ai donné l'aperçu ; nous venons de voir d'ailleurs que le pays n'étant pas peuplé en raison de son étendue, le sol appartient au premier occupant.

Un territoire convenable pourrait donc être acquis à très-peu de frais par le Gouvernement, pour être concédé à titre de don et d'encouragement à un certain nombre de Français qui seraient choisis et désignés pour aller former quelques établissemens dans cette île (1). Ces Français, au moyen de certaines mesures d'administration, seraient à Madagascar ce que sont les autres colons dans nos îles occidentales : alors le commerce de l'Inde, comme celui de ces îles, aurait lieu par échanges de marchandises; ce qui donnerait une valeur plus considérable à nos produits territoriaux et industriels, et nous ferait rentrer une grande quantité de numéraire; au lieu que Pondichéry, Chandernagor, etc., nous en enleveront beaucoup (2).

Les Madécasses ayant constamment sous leurs yeux des Français industrieux qui devraient à leur travail des jouissances plus recherchées, ne résisteraient pas long-temps

---

(1) L'île Bourbon peut fournir des hommes acclimatés; et, à la suite de 25 années d'orages révolutionnaires qui ont occasionné tant de bouleversemens divers, on trouverait vraisemblablement un grand nombre d'individus en France disposés à aller tenter une entreprise de ce genre.

(2) Dans la situation actuelle, les comptoirs français dans l'Inde ne rendent pas au-delà de 200,000 l. et coûtent plus de 2 millions chaque année.

Histoire philosophique et politique du commerce des Européens dans les deux Indes.

à un pareil exemple, et formeraient bientôt un peuple actif et laborieux qui devrait naturellement rester l'ami fidèle de la nation qui, sans injustice et sans violence, l'aurait fait participer à de pareils bienfaits.

Il serait superflu de désigner ici tout le parti qu'une saine politique peut retirer de moyens aussi puissans, et les résultats infiniment avantageux qui en seraient la suite, car il est trop aisé de les apprécier. En effet, une île presqu'aussi grande que la France, dont la distance est moindre d'un tiers que celle de l'Inde, offrant une terre fertile, des produits variés, des colons riches, une grande population civilisée, affranchie des préjugés des Indiens et du despotisme de leurs chefs, présente une telle masse de ressources, qu'elle doit fournir à la France un commerce important, qui dans tous les temps pourra être protégé sur les lieux, sans autre secours que celui qui proviendra de sa population et de son indépendance.

Des moyens aussi puissans peuvent-ils être comparés à la nullité de nos établissemens de l'Inde, où nous sommes presque sans territoire, sans population, et dans une dépendance humiliante des Anglais ?

Si, malgré les détails dans lesquels je viens d'entrer, il s'élevait des doutes sur les moyens d'exécuter un pareil projet, sur la difficulté de le faire réussir, l'histoire et nos rapports journaliers avec divers peuples, vont servir de réponse aux objections qui pourraient m'être faites à cet égard.

Les Espagnols ravageaient depuis un siècle le Nouveau-Monde qu'ils avaient découvert; mais, malgré la supériorité de leurs armes, malgré la terreur que devaient inspirer à ceux des peuples non soumis la chute et le renversement des empires voisins de leurs dominations, quelques-uns de ces peuples opposaient encore une résistance que l'état plus ou moins perfectionné de leurs institutions et un caractère plus ou moins féroce rendaient souvent opiniâtre et dangereuse. Plus d'une fois le sang et l'oppression des malheureuses victimes vouées à la mort, ou tout au moins à l'esclavage, furent vengés d'une manière éclatante....... Il semblait que des sauvages irrités par des persécutions cruelles et sanguinaires, dussent immoler à leur rage tout individu faisant partie de la nation qu'ils avaient tant de droits d'abhorrer; cependant des amis de l'humanité se présentent : ils sont sans suite et sans armes, mais ils sont porteurs de paroles de paix, et bientôt ils obtiennent de la persuasion ce que des bataillons nombreux n'auraient jamais obtenu de la force.

Après avoir parcouru les pages ensanglantées de l'histoire et de la dévastation du Nouveau-Monde, qu'il est doux, qu'il est consolant de reposer son ame oppressée sur ces actes sublimes d'un dévouement aussi généreux ! Intrépides missionnaires, vous sûtes braver toutes les fatigues, affronter tous les dangers, pour enlever à la barbarie des Espagnols un peuple sauvage et irrité que vous parvîntes à civiliser ! Si dans le cours d'une telle entreprise vous fûtes rarement victimes d'un zèle aussi pieux, ah ! sans doute c'est parce que l'homme animé de motifs aussi purs, doit porter sur ses traits, doit avoir dans ses manières tout ce qui inspire la confiance et commande la vénération.

Les Espagnols répandaient en tous lieux la mort et l'esclavage; les missionnaires offraient partout la paix et le bonheur : aussi, sans autres armes que celles de la persuasion, ces religieux parvinrent-ils à réunir ces peuples sauvages dans des *réductions* nombreuses;

ils domptèrent leur férocité naturelle, ils surent vaincre leur résistance opiniâtre au travail, et l'obstacle, plus difficile encore, qui provenait de la stupidité complète de ces peuples : cette stupidité était telle, que la conscience timorée de leurs bienfaiteurs mêmes éleva quelques doutes sur la question de savoir si au baptême près, on pouvait admettre ces sauvages à la participation des autres sacremens. Les évêques à qui cette question fut soumise, décidèrent qu'on ne devait le faire qu'avec bien des précautions; cependant, malgré de si grands obstacles, ces peuples furent peu à peu livrés aux arts, et ils y réussirent au point qu'on trouvait partout dans leurs bourgades des ateliers de doreurs, de peintres, de sculpteurs, d'orfèvres, d'horlogers, serruriers, charpentiers, menuisiers, tisserands, fondeurs, en un mot des hommes exercés dans tous les arts et métiers qui peuvent être utiles.

Des religieux qu'on fit venir à dessein furent leurs premiers maîtres. Souvent les missionnaires eux-mêmes tinrent la charrue, manièrent la bêche, pour les initier à l'agriculture. Aux cabanes construites d'abord en terre et en cannes, où l'on ne trouvait ni siége, ni lit, ni cheminées, ni fenêtres, succédèrent peu à peu des maisons aussi propres, aussi commodes, aussi bien meublées que celles des Espagnols. Des églises d'une architecture élégante furent construites par ce peuple nouveau, sans autre secours que celui des dessins qui lui furent envoyés; ces églises ne tardèrent pas à être ornées par des ouvrages d'argenterie riches et de bon goût. Des réglemens sages furent ensuite établis; un ordre de travail fut adopté. Si la vie uniforme, déterminée par ces réglemens, ressemblait, sous quelques rapports, à l'institution monacale de leurs fondateurs, du moins eurent-ils pour bases une égalité parfaite en liberté et en propriété : ces deux lois fondamentales ne furent jamais violées dans ces républiques chrétiennes; et des peuples sauvages donnèrent les premiers cet exemple de modération et de justice, relativement à des lois qu'il serait si dangereux d'introduire parmi les nations les plus civilisées. Une vérité reconnue de toute l'Amérique méridionale, c'est que ces mêmes Indiens, autrefois si portés à la vengeance et à la plus grande férocité (1),

---

(1) De tous les peuples nouveaux découverts dans le 16e. siècle, les habitans du Paraguay étaient les

étaient devenus un peuple affable et extrêmement uni, dont la douceur et les qualités sociales firent plus d'une fois, parmi les autres sauvages, de nombreux prosélytes. Les cénobites furent assujétis à un tribut qui fut toujours exactement payé, et lorsque les rois d'Espagne leur eurent accordé des armes à feu, une milice formidable fut bientôt créée, dont l'entretien et le service ne coûtaient rien au gouvernement, et qui, malgré les victoires éclatantes qu'elle remporta souvent sur les ennemis de l'Etat, ne cessa jamais de donner à son souverain les preuves les plus complètes de sa fidélité et de sa soumission.

Un tel succès, obtenu sans dépenses, sans effusion de sang, et par le seul moyen de la persuasion, sur des sauvages naguères si

---

plus redoutables, parce qu'ils étaient, plus qu'aucun autre, traîtres, féroces et anthropophages.

Les Payaguas et les Chirigones sont encore des ennemis terribles des Espagnols. Ces premiers sont même d'autant plus dangereux, qu'ils savent allier des manières prévenantes au naturel le plus féroce; et ce sont les seconds qui, lorsque les missionnaires leur parlaient du feu de l'Enfer, répondaient qu'ils sauraient bien l'éteindre.

féroces, doit nécessairement être acquis avec plus de facilité encore lorsqu'il s'agit de civiliser un peuple bon, confiant et hospitalier : tel est, en général, l'habitant de Madagascar. Ce peuple, naturellement brave, n'est devenu féroce que lorsqu'irrité par des exactions de tout genre, il a cherché à se venger et à recouvrer sa liberté et son indépendance (1). Ce que j'ai dit de son caractère et de sa loyauté, sera confirmé par tous les voyageurs impartiaux qui ont eu occasion

---

(1) Vers le commencement du 17°. siècle, un vaisseau européen ayant abordé à Foulepointe, les chefs attirent sous une grande tente une multitude d'insulaires : à un signal donné, la charpente s'écroule, et ces malheureux, victimes de leur confiance hospitalière, sont réduits à l'esclavage.

En 1647, un des gouverneurs français de Madagascar est fait prisonnier, et retenu captif pendant six mois par ses subordonnés mêmes. A peine est-il rendu à la liberté, qu'il vend comme esclaves au gouvernement de l'île de France les infortunés Madécasses, hommes et femmes, qui étaient au service de son établissement.

Le gouverneur qui lui succéda sut mieux se faire respecter; mais il ravagea et fit incendier la fertile contrée de Fanshère, etc., etc., etc.

d'aborder dans son île (1). La réussite des vues que je viens d'indiquer à leur sujet, semble donc ne présenter aucun obstacle assez majeur pour empêcher le gouvernement de faire une tentative qui sera facile et peu coûteuse.

Mais si des considérations, qu'il ne m'appartient point de chercher à approfondir, détournaient le gouvernement d'une entreprise de ce genre, il est un autre moyen de parvenir au même but. Généreux missionnaires, c'est vous que j'invoque en ce moment; une telle conquête est digne de votre zèle et de votre piété. Je dirai même plus à votre égard; quelles que puissent être les qualités douces et sociales des colons qui seraient choisis par le gouvernement, elles n'approcheront jamais de la résignation, du désintéressement et de toutes les vertus conciliatrices que vous trouverez dans vos cœurs

---

(1) La vérité des détails dans lesquels je suis entré à ce sujet m'a été confirmée par plusieurs officiers de marine distingués, qui avaient eu occasion d'aborder à Madagascar, et notamment par l'estimable contre-amiral feu M. Morard de Galles, dont le nom suffit pour rappeler les talens et les vertus.

et dans vos motifs ; elles n'égaleront jamais ce que vous pourrez attendre de plus de lumières et d'une persévérance soutenue par le double but honorable que vous vous proposerez : car le triomphe de la religion et de nouveaux moyens de prospérité pour la France se trouvent ici réunis.

Si, dans quelques circonstances particulières, et lorsque les lumières étaient généralement moins répandues, les ministres d'un Dieu de paix, se laissant entraîner par l'effet d'un zèle trop ardent, ont cru pouvoir obtenir de la violence ce qu'ils ne devaient attendre que de la persuasion, vous saurez vous défendre de moyens trop pieusement coupables, et, à votre tour, lorsque, se croyant plus éclairés, quelques philosophes modernes se sont vus si grandement déçus dans le vain calcul de substituer la morale à la religion, vous donnerez au monde une nouvelle preuve que la morale n'est que la conséquence de la religion, à laquelle elle doit rester subordonnée, comme les droits de l'homme le sont à ceux de la société.

Dans des temps barbares, la religion eut ses martyrs ; mais il a toujours été contraire à son essence d'en faire. La religion forme les mœurs, le commerce les adoucit; la religion dirige l'homme vers le ciel, le commerce contribue à le rendre plus heureux sur la terre; dans ses méditations religieuses, l'ame s'élève et s'agrandit; par un travail utile et modéré, l'esprit jouit et s'égaye. Mais sur le sol même que vous habiterez, un moine fanatique n'a que trop prouvé que la religion pouvait servir de prétexte à des actes inconsidérés et coupables; et tout près de Madagascar un peuple ambitieux n'a fondé son commerce que sur des moyens de despotisme et d'oppression. Ah! que du moins, ramenés par vous à leurs véritables sources, la religion, considérée comme le plus grand bienfait de la Divinité, et le commerce comme un des mobiles de prospérité les plus puissans de nos institutions sociales, ne servent désormais qu'à éclairer les hommes et à les rendre plus heureux.

Les divisions intestines, les ressentimens particuliers, les vues cupides et désordonnées de quelques chefs français, le pillage et les cruautés de leurs subordonnés avaient affaibli, parmi les Madécasses, le sentiment de terreur qui leur avait d'abord été inspiré par la supériorité de nos armes. Cependant,

Chamargou, gouverneur du fort Dauphin, à la tête de deux cents hommes, maîtrisait encore la fertile province de Carcanossy, dont il retirait des impôts considérables, lorsque le zèle fanatique d'un moine donna lieu à une guerre qui ensanglanta de nouveau ces belles contrées.

Dian Manangue, chef puissant, allié fidèle des Français, vivait heureux dans la province de Mandrarey, dont il était souverain, lorsque le père Etienne, lazariste et supérieur de la mission de Madagascar, voulut le convertir.

La réussite d'un tel projet, dirigé avec sagesse et humanité, eût sans doute été infiniment avantageuse à la France, car rien ne peut mieux préparer la civilisation d'un peuple à demi-sauvage, que les principes d'une religion douce et tolérante; mais dans ces temps éloignés, où la religion prétendait aussi à des conquêtes, les ministres d'un Dieu de paix ont malheureusement oublié quelquefois que les succès auxquels ils aspiraient devaient être le fruit de la persuasion plutôt que l'effet de la crainte.

Dian Manangue, au milieu de son donac assemblé, déclara au missionnaire que son zèle était inutile, et qu'il tenait trop fortement à ses mœurs et à ses usages pour vouloir en changer. Le père Etienne lui ordonne de renvoyer à l'instant toutes ses femmes, hors celle qui est son épouse légitime : c'était exiger les commencemens d'une conversion par un des sacrifices les plus pénibles pour un payen. Aussi le zélé missionnaire eût-il eu à se repentir de son zèle, si Dian Manangue n'eût apaisé le courroux de ses gens et retenu les plaintes de ses femmes : il accompagna le père Etienne, lui fit un riche présent, et obtint de lui un délai de quinzaine, pendant lequel il abandonna ses états pour aller chercher un refuge dans le pays des Machicores, à vingt-cinq lieues du fort Dauphin.

A peine le père Etienne eut-il été instruit de cette évasion, qu'accompagné d'un frère de son ordre, et suivi de quelques domestiques porteurs de ses habits sacerdotaux, il fut à la recherche de Dian Manangue, qu'il atteignit dans les premiers mois de l'année 1664. Le souverain madécasse eut la bonté d'accueillir avec une grande vénération le religieux, dont le courage l'étonna sans l'intimider ; il le supplia de renoncer au projet de lui faire abjurer la religion dans laquelle il était né : mais le moine furieux lui ayant arraché pour toute réponse son oly et ses amulettes, qu'il jeta au feu, cette audacieuse imprudence lui coûta la vie, ainsi qu'à ses compagnons, qui furent massacrés sur le champ. Chamargou voulut venger la mort du moine dont il avait désapprouvé le zèle ; mais après avoir perdu la majeure partie de sa troupe, il eût été réduit lui-même aux plus cruelles extrémités, si Lacaze, qui avait épousé une souveraine de Madagascar, et qui vivait aimé et respecté des sujets de sa femme, oubliant leurs anciennes divisions, ne fût venu à son secours.

Le gouvernement du Paraguay nous a fourni une preuve de l'influence de la persuasion sur les hommes les plus sauvages ; de nouveaux exemples vont attester aussi que cette puissance d'opinion, toujours efficace lorsqu'elle a pour soutien une législation sage, peut s'accroître encore, lorsque cette législation a pour attrait des principes plus tolérans.

L'histoire a recueilli, pour présenter à la vénération des siècles à venir, cet acte de justice inconnu jusqu'à lui, dont Guillaume

Pénn fit usage à la fondation de la Pensylvanie. Personne n'ignore que le gouvernement anglais se trouvant dans l'impossibilité de rembourser à cet homme vertueux des avances considérables faites à l'état par son père, lui céda presqu'à titre de souveraineté héréditaire ce vaste territoire. G. Penn, arrivé sur les lieux, voulut rendre plus légitime la cession qui lui avait été faite : il assembla les sauvages des états connus aujourd'hui sous le nom de Pensylvanie, et acheta d'eux le pays qui lui avait été cédé par le gouvernement anglais.

Penn n'avait avec lui que des partisans de sa secte, alors persécutée en Angleterre ; il était sans soldats, et comme quaker, il eût été bien éloigné de vouloir employer aucun moyen d'usurpation ou de violence. Ce premier acte de justice lui valut la confiance des peuples, qu'il n'eût pas également obtenu par des moyens de force. Mais sa bienfaisance et son humanité ne se bornèrent pas aux naturels du páys, il chercha à attirer à lui, par un gouvernement libre et tolérant, par des concessions généreuses et souvent gratuites, des étrangers de toutes les nations, et surtout les partisans des sectes persécutées de l'Europe.

Des quakers, des anabaptistes, des anglicans, des méthodistes, des presbytériens, des moraves, des luthériens, auxquels se joignirent même des catholiques, eurent bientôt rendu plus douces les mœurs sauvages de leurs voisins ; et l'exemple de l'agriculture, de l'industrie et des connaissances européennes, ne tarda pas à avoir sur ces peuples divers une influence active qui eut les plus heureux résultats. Des défrichemens considérables furent faits en peu de temps avec une vigueur étonnante; de grandes relations commerciales furent ouvertes avec toutes les nations : le temps n'a fait qu'accroître et mieux consolider l'étendue et la puissance de ce nouvel état.

En comparant les institutions particulières du gouvernement du Paraguay et de celui de G. Penn, en recherchant les causes qui les ont déterminées, les bases sur lesquelles elles ont été établies, il serait facile de reconnaître les motifs qui ont dû concourir aux succès plus prompts et plus étendus des Etats-Unis : mais ces réflexions naissent de la connaissance de l'histoire; il suffit de les indiquer ici.

De tous les peuples européens que leur

ambition a portés à aller fonder des colonies dans l'Inde, les Danois sont le seul qui, évitant d'user de violence, ait cherché à légitimer ses entreprises par des concessions libres et volontaires. Cette circonstance, qui tient à notre sujet, est d'ailleurs assez remarquable pour devoir être mentionnée ici.

En 1595, un hollandais nommé Hootman, détenu pour dettes à Lisbonne, initia ses compatriotes au commerce de l'Inde, dont il leur fit connaître la route. En 1618, un autre hollandais, que le roi de Ceylan avait élevé au rang de prince de Mingone, mécontent de l'accueil qu'il reçut à son retour en Hollande, excita les Danois à entrer en concurrence avec ses concitoyens. Il y eut cette différence entre ces deux personnages, que le ressentiment du prisonnier contre des créanciers étrangers, tourna du moins à l'avantage de son propre pays, au lieu que le dépit du prince lui suscita un concurrent de plus.

J'ai déjà eu occasion de parler de Corneille Hootman dans mon *Mémoire historique et politique sur le commerce de l'Inde*; disons un mot du chef de l'expédition danoise.

Les avantages de la localité et des produits de l'île de Ceylan n'avaient point échappé à l'observation attentive des Hollandais : ils eurent le désir de s'y ménager une alliance plus intime, et confièrent à un de leurs agens le soin d'y contracter un traité de commerce. Boschower, chargé de cette négociation, sut tellement s'insinuer dans les bonnes grâces du Roi, qu'il devint le chef de son conseil, son amiral, et fut nommé prince de Mingone. C'était beaucoup sans doute; mais Boschower, enivré de ses nouvelles dignités, éprouva le besoin d'aller les étaler aux yeux de ses concitoyens. Il s'attendait à des hommages, et n'en reçut que l'accueil le plus froid. Dans son dépit, il passa en Danemarck, où ses offres furent accueillies. Le gouvernement danois lui confia trois vaisseaux, et une compagnie qui se forma au même instant lui en fournit trois autres (1). Boschower, à la tête

---

(1) Le premier fonds de cette compagnie ne fut que de 853,263 l., et malgré sa modicité, cette somme fut suffisante pour donner lieu à un commerce assez étendu dans l'Inde. Il faut convenir à la vérité que les circonstances politiques qui comprimaient à cette époque les efforts des Portugais et des Anglais, et les vues particulières qui dirigeaient ceux des Espagnols et des Hollandais, favorisèrent beaucoup les Danois dans leurs nouvelles relations avec l'Inde.

de cette expédition, se dirigea vers Ceylan, où l'amitié du Roi eût pu rendre son ressentiment fâcheux aux Hollandais; mais la mort le surprit dans cette traversée. Les Danois, privés des moyens de crédit qu'il eût pu leur fournir, furent mal accueillis. Ové-Giedde, leur chef, se vit contraint de quitter Ceylan. Il dirigea ses vues sur l'extrémité du continent qui était le plus voisin de l'île; il aborda au Tanjaour : ce petit état, loin d'être exposé aux sécheresses d'une grande partie de la côte de Coromandel, est fertilisé, au contraire, par des eaux toujours abondantes. Le Tenjaour présenta aux Danois des avantages de localité qui leur firent désirer d'y former un établissement; ils en demandèrent l'autorisation, et elle leur fut accordée au moyen d'une redevance annuelle de 2,000 pagodes, c'est-à-dire, environ 16,800 fr.

Ce fut d'après cette concession que les Danois bâtirent d'abord Trinquemar, et par suite la forteresse de Dansbourg, qui défend la rade et la ville.

Ces divers exemples forment une grande présomption de succès en faveur des établissemens qui pourraient être faits à Madagascar. Rien, dans une entreprise de ce genre, ne peut exciter les réclamations des nations étrangères. Il est de droit public généralement adopté en Europe, que le pavillon d'une nation arboré sur des terres inconnues, suffit pour légitimer, même après une certaine interruption de possession, la propriété du terrain sur lequel on a abordé. Dans cette occasion, les droits de la France peuvent être d'autant moins méconnus, que déjà, par des prises de possessions anciennes, elle a eu des établissemens au fort Dauphin, au port Choiseul, ou sur plusieurs autres points de cette île; et, d'après les concessions libres et volontaires qui seraient faites au gouvernement par les habitans de Madagascar, ces occupations antérieures se trouveraient ainsi doublement sanctionnées, et par le droit public, et par le droit particulier des nations.

Il ne reste donc plus qu'à agiter ici la question de savoir à qui devrait être confiée une entreprise de cette nature, ou du commerce libre, ou d'un comité central administratif du commerce de l'Asie, ou d'une compagnie privilégiée.

Lorsqu'il s'agit de diriger des opérations

commerciales sur un pays, fût-il même inconnu, pourvu toutefois que ses habitans soient parvenus à un état de civilisation qui se trouve en rapport avec le droit public des nations, et à un état de force ou de puissance qui soit suffisant pour faire respecter leurs lois, le commerce libre sera, de tous les moyens d'échange avec un tel peuple, celui qui sera le plus utile aux particuliers et le moins dispendieux pour l'Etat.

Mais ici une considération se présente, qu'il ne faut point perdre de vue.

Les établissemens à former à Madagascar ne doivent point être considérés comme pouvant donner lieu seulement à un commerce ordinaire d'échanges entre un peuple et un autre; ils ont pour but un résultat plus important, celui de substituer en Asie, à nos relations commerciales, dont la nullité et la dépendance actuelle ne peuvent plus être méconnues, un systême nouveau qui, fondé sur des bases plus solides en même temps qu'elles seront plus avantageuses, soit exempt de la concurrence oppressive qui nous est opposée dans l'Inde, et qui doit y paralyser nos efforts. On concevra donc qu'ici la route est non-seulement à frayer en entier, mais que le premier sentier à former, quelque étroit qu'il puisse être, sera encore au-dessus des efforts ordinaires d'un particulier et hors de ses intentions. En effet, les acquisitions de terrains convenables, et les frais accessoires qu'elles occasionneront, le transport des colons, l'achat des ustensiles, exigeront des premières avances qui ne pourront pas être remboursées à l'instant. Or, d'après ces motifs, ces avances ne peuvent être faites que par le Gouvernement, ou par une compagnie privilégiée, qui espérera de trouver dans les concessions d'une charte à long terme la possibilité de les réaliser avec plus ou moins d'avantages.

De ces deux derniers moyens, nul doute que l'un ne fût préférable à l'autre. Le Gouvernement n'ayant en vue que le bien de l'Etat, en déléguant à un simple consul et à un petit nombre d'agens la direction d'une entreprise de ce genre, pourrait toujours en poursuivre la réussite avec plus d'unité dans les mesures, moins d'intérêt dans les motifs, des idées plus libérales, et une persévérance plus constante qu'une compagnie privilégiée. Mais, en général, les Gouvernemens, presque toujours subordonnés dans leurs vues à l'état plus ou moins prospère de leurs finances, tiennent aussi parfois plus à des rentrées promptes, qu'à des espérances éloignées ; leurs ministres, d'ailleurs, ne sont pas toujours exempts de systêmes ; des intérêts de famille, des sollicitations plus ou moins puissantes ne les laissent pas toujours libres de leur choix. Cependant ces divers motifs ne sauraient suffire pour faire pencher la balance en faveur d'une compagnie privilégiée, s'il était moins prouvé que de tous les mobiles qui font agir les hommes, l'intérêt est, en général, un des plus puissans. Moins cette vérité sera contestée, plus le Gouvernement restera pénétré des avantages que présente Madagascar, et de la nécessité de changer le systême actuel de notre commerce en Asie; plus il s'efforcera de stimuler, par tous les moyens qui sont en son pouvoir, le zele et l'intérêt d'un grand nombre d'actionnaires. On objecterait vainement qu'un établissement à former ne peut entrer en concurrence avec ceux qui existent déjà ; que dans l'Inde tout est fait, tout est formidable de la part des Anglais ; qu'à Madagascar, tout serait à faire, et resterait exposé pour nous aux chances les plus précaires et les plus incertaines. Ces considérations étaient les mêmes pour chacune des nations européennes qui a cherché à aller prendre part au commerce de l'Inde, et cependant, elles n'en ont retenu aucune : elles ne serviraient aujourd'hui qu'à prolonger une dépendance humiliante, dont nous devons nous efforcer de sortir. Sans avoir la possibilité de défendre nos établissemens abandonnés depuis vingt-cinq années dans l'Inde, nous n'aurons pas plus de moyens de nous maintenir à Pondichéry ou à Chandernagor, qu'à Madagascar; et ici, nous trouverons des concurrens de moins, un territoire plus convenable, et des peuples dont nous pourrons nous concilier l'affection. Rien dans des actes de ce genre ne présente le moindre caractère d'hostilité, puisqu'il ne s'agit que de faire usage du droit le plus sacré et le plus incontestable des peuples, celui de préparer les moyens qui peuvent concourir à assurer leur prospérité. Quel serait donc le motif qui pourrait servir de prétexte à la violation d'un pareil droit, lorsque ce droit surtout ne serait exercé que sur un continent étranger, de l'aveu et par les concessions libres et volontaires des peuples qui l'habitent? Quelle serait la puissance qui pourrait d'ailleurs chercher à y porter atteinte, sans s'exposer à en être sévèrement châtiée? Nos divisions intestines et des suggestions étrangères ont bien pu parvenir à faire insurger nos colonies d'Occident; mais comment méconnaître, à cet égard, que cette insurection a surtout été la suite d'une législation vicieuse ? L'homme n'est pas créé pour être l'esclave de l'homme; si l'orgueil et l'abus de la force imposent quelquefois des fers à la faiblesse et à l'ignorance, moins une telle chaîne est légère, et plus, lorsqu'elle est trop tendue, elle se brise avec éclat. Nos relations à Madagascar, fondées sur des principes d'humanité, de justice, et sur des convenances réciproques, nous y rendraient d'autant moins exposés à des attaques imprudentes, que nous aurions su nous y ménager davantage l'amitié, l'estime et la reconnaissance d'un peuple nombreux devenu notre allié, et que le maintien de son indépendance rendrait intéressé à faire cause commune avec nous (1).

---

(1) Il doit paraître évident qu'une attaque étran-

La seule chose qui resterait à appréhender, relativement à l'établissement de Madagascar, ne consisterait donc plus que dans la difficulté de l'y faire prospérer : mais les détails dans lesquels je suis entré sur la fertilité du terrain, sur les avantages de la localité, et sur les moyens faciles qui pourraient être employés à peu de frais, ne doivent plus laisser de doutes à ce sujet.

Néanmoins, quelques espérances que semblent devoir présenter ces établissemens, si le Gouvernement ne trouve pas à propos de rester seul chargé de leur direction, une compagnie ne peut être excitée à cet égard qu'au moyen d'une charte dont la durée lui laisse la possibilité de se récupérer de ses premières avances, et dont les encouragemens, les exemptions et les priviléges (1), soient suffisans pour les déterminer.

---

gère ne pourrait être tentée que par l'effet de la jalousie que pourraient exciter les succès de ces établissemens ; car, sans ce motif, elle n'aurait aucun objet. Or, ces succès, d'après le plan proposé, ne peuvent être supposés, sans que les Français de Madagascar ne soient parvenus à se ménager des alliances et des secours puissans dans l'intérieur de l'île.

(1) Des priviléges sont toujours nuisibles, lorsqu'ils

Ce fut par des concessions pareilles que Colbert, en 1664, sut exciter un grand enthousiasme, relativement au commerce des Indes orientales; et, à dater de cette époque, un siècle ne s'était pas encore écoulé, que les Français étaient parvenus, dans l'Inde, au faîte de la gloire et de la prospérité.

« Colbert, » observe Raynal, « considérant
» qu'il y a naturellement pour les grandes
» entreprises de commerce une confiance
» dans les républiques, qui ne se trouve pas
» dans les monarchies, eut recours à tous
» les expédiens propres à la faire naître. La
» passion dominante de la nation fut inté-
» ressée à cet établissement. On promit des
» honneurs et des titres héréditaires à tous
» ceux qui se distingueraient au service de
» la compagnie. »

Madagascar fut destiné à être le berceau de la nouvelle association.

Un privilége fut accordé à la compagnie pour cinquante années.

---

portent sur des relations commerciales déjà existantes, mais ils deviennent un véhicule indispensable, ou du moins bien plus puissant, lorsqu'il s'agit d'en créer de nouvelles, et surtout de frayer des routes inconnues.

6.

Ses fonds furent fixés à 15,000,000 par le roi; le prix des actions fut de 1,000 fr.

La maison royale prit intérêt, savoir : la reine-mère, pour 60,000 f.; la reine, pour pareille somme; M. le Dauphin, pour autant; M. le prince de Condé, pour 30,000; M. le prince de Conti, pour 20,000; M. le duc de Mazarin fut le plus fort intéressé, il prit 100,000 f. d'intérêt, et abandonna ses droits sur Madagascar, sauf la réserve du paiement des armes.

Les grands, les magistrats, les citoyens de toutes les classes furent invités à prendre part à l'établissement (1).

---

(1) La cour seule comptait au moins 2,000,000 f. d'intérêt; les cours souveraines plus de 1,200,000
Les officiers des finances.......... 2,000,000
La ville de Lyon.................. 1,000,000
Rouen 550,000
Bordeaux....................... 400,000
Tours.......................... 150,000
Nantes......................... 200,000
Saint-Malo...................... 100,000
Reims.......................... 100,000
Toulouse....................... 120,000
Grenoble....................... 113,000
Dijon.......................... 100,000

Le droit de bourgeoisie fut accordé, pour Paris, Bordeaux et Bayonne, à tous les étrangers qui seraient propriétaires d'un intérêt de 20,000 f., et pour toutes les autres villes, aux intéressés de 8,000 f. seulement.

Les officiers ayant un intérêt de 20,000 f. furent dispensés de résidence, et conservaient les droits et les émolumens de leur place.

Le roi avança de ses deniers le cinquième de tous le fonds capital de la compagnie. Cette avance fut faite sans intérêt pour dix années, avec la condition que si, à l'expiration de ce terme, il se trouvait, par le compte général qui devrait être fait, que la compagnie eût perdu de son capital, toute la perte retomberait sur la somme avancée par le roi. Il fut seulement exigé que les effets de la dernière compagnie seraient évalués de bonne foi par la chambre de la direction générale.

Les corps des marchands, à Paris.. 630,000 f.
Sur quoi le corps seul des merciers prit 520,000 fr. Moulins, Bourges, le Havre, Marseille, Dunkerque, Metz, Amiens, Langres, Châlons, etc., toutes pour des sommes plus ou moins fortes, et dont la moindre fut   50,000

Les bois et autres matériaux nécessaires pour le bâtiment et la construction des vaisseaux de la compagnie, furent exemptés de tous droits d'entrée. Les vaisseaux et marchandises ne furent point soumis aux droits d'amirauté et de bris. Les munitions de guerre et autres objets nécessaires pour l'avitaillement et l'embarquement, furent aussi exempts de tous droits d'entrée, etc., etc.

C'est par de tels moyens que, malgré les considérations qui semblaient devoir le détourner d'une telle entreprise, d'après le peu de débouchés qu'elle devait procurer à nos denrées, d'après l'état encore imparfait de nos arts, et l'exportation inévitable d'une grande partie de notre numéraire, Colbert, à une époque où la France attachait encore peu de prix aux produits du luxe et aux superfluités de l'Asie, pensa qu'il serait plus utile et bien plus honorable de s'y frayer une route, que de rester tributaires de nos rivaux ou même de nos ennemis.

Si une conduite plus sage eût dirigé nos premières tentatives sur Madagascar, et si surtout des vues moins ambitieuses ne nous eussent attiré dans l'Inde (1), pour aller pren-

---

(1) Les Français firent en 1680 leur premier éta-

dre part aux conquêtes des nations qui nous y avaient précédés, nous n'eussions pas acquis, il est vrai, cette domination brillante et passagère que nous exerçâmes avec tant d'éclat sur toute la côte de Coromandel, et dont l'influence s'étendit sur toutes les possessions de l'empire mogol; mais nous fussions parvenus à fonder sur un continent isolé un commerce important, qu'une localité plus favorable et l'affection d'un peuple allié eussent pu protéger en tout temps.

Français, reportez donc vos vues sur Madagascar. En l'état actuel, Pondichéry et Chandernagor ne peuvent vous offrir qu'un territoire insignifiant, sur lequel même il ne vous reste plus aucune possibilité de vous défendre. Madagascar vous présente, au contraire, le champ le plus vaste et le plus avantageux; mais en songeant à cette entreprise nouvelle, gardez-vous de reprendre les armes que vous venez de quitter; elles seraient moins sûres que celles que vous pouvez devoir à la persuasion et à vos qualités sociales.

---

blissement dans les Indes orientales, d'après la confirmation de l'acquisition qu'ils avaient faite de Pondichéry en 1674.

Et vous, que la confiance du roi a élevé au poste qui fut si honorablement occupé par Colbert, sachez enfin sortir des limites étroites du cercle de vos prédécesseurs ! La guerre et les dissipations les plus folles ont épuisé les moyens de l'État....... Mais croyez-vous trouver des ressources suffisantes dans ces dispositions fiscales qui, sur tous les points du royaume, gênent et compriment l'action du commerce ; dans ces réglemens minutieux, dans ces précautions soupçonneuses, dans ces formes multipliées vexatoires et humiliantes, qui partout fatiguent et découragent l'industrie (1) ? Cédez à des idées plus libérales ; sachez encourager cette louable émulation qui peut seule donner lieu aux spéculations utiles, aux grandes entreprises ; et plus vous fournirez au commerce des moyens de prospérité, plus il vous sera facile

―――――――

(1) Il n'y a point ici de contradiction avec ce que j'ai dit plus haut; cela pourrait être prouvé aisément, mais cette discussion serait ici superflue : il suffira d'observer qu'il ne faut pas confondre l'industrie manufacturière avec celle qui est plus générale, et qui s'exerce sur plusieurs genres de marchandises, de produits territoriaux, de transports, etc. etc.

d'assurer à l'Etat les revenus qui sont indispensables à ses besoins. Les impôts, dont la quotité n'est ni excessive, ni arbitraire, sont une dette sacrée pour tous les citoyens, et les gouvernemens ont toujours la possibilité de les faire acquitter avec plus ou moins d'aisance; mais jusqu'ici peu d'administrateurs ont su imiter encore l'exemple de Colbert, qui, informé de la détresse des Etats de Provence, leur prêta trois millions pour leur faciliter les moyens d'en payer un.

L'Angleterre doit à son système financier les moyens de soutenir une dette effrayante, et cet exemple sera toujours d'un grand danger pour les gouvernemens qui ne voudront pas considérer que si des impôts excessifs peuvent être perçus avec quelques motifs et une certaine facilité dans les circonstances où le salut de l'Etat l'exige, et où le commerce est porté à un degré élevé de prospérité, ces impôts, trop multipliés, deviennent une charge accablante pour les contribuables, lorsque, par suite de grandes calamités, il ne leur reste plus les mêmes moyens d'y satisfaire.

Dans ces positions critiques, les ministres doivent s'efforcer de créer de nouveaux mobiles de prospérité qui puissent leur présenter assez de ressources : c'est alors, surtout, qu'ils doivent se défier le plus des systêmes souvent erronés d'une théorie insuffisante ; qu'ils doivent consulter davantage l'opinion publique sur ceux des impôts qui répandent partout la terreur, la misère et la haine, et l'opinion particulière sur des droits dont le maintien eût peut-être été momentanément encore utile à l'industrie.

On objecterait vainement que l'abolition subite de la totalité des droits sur le coton en laine, et de la plus grande partie de ceux sur le sucre, était commandée par les circonstances ; cela fût-il certain, il fallait du moins attendre que ceux des fabricans qu'on avait mandés pour donner leur avis, eussent eu le temps de se rendre à Paris (1). Anticiper, ainsi que cela a été fait, une décision ministérielle aussi importante, c'est en quelque sorte avoir voulu ajouter la dérision au dommage.

---

(1) Divers fabricans, appelés pour venir donner leur avis sur la suppression des droits sur le coton, s'empressèrent de se rendre à Paris ; mais quelque hâte qu'ils eussent pu faire, ils arrivèrent trop tard : la mesure avait déjà été prise.

Jusques à quand d'ailleurs un ministre se croira-t-il en droit de prendre spontanément une mesure qui peut aussi étrangement compromettre la fortune d'une classe estimable de citoyens, et fournir le prétexte de mouvemens séditieux aux nombreux ouvriers qu'elle occupe?

Si une décision de ce genre n'a rien qui puisse compromettre sa responsabilité, eût-il perdu de ses droits, et n'eût-il pas évité des plaintes justement fondées, en laissant aux parties intéressées la possibilité de lui faire connaître le préjudice qu'il allait leur causer?

Il est deux vérités qui ne peuvent être méconnues de personne en France :

L'une, que l'Etat a de grands besoins, non pour faire face à ses dépenses actuelles qui sont infiniment restreintes, mais pour parvenir à combler l'immense déficit que, par des anticipations de toute espèce, par d'énormes dépenses, par les opérations les plus inconsidérées, l'ancien Gouvernement lui a légué pour toute ressource;

L'autre, que le système fiscal actuel ne saurait être maintenu.

Sous ce double rapport, le ministère des finances et la direction générale des manufactures et du commerce sont intéressés à s'unir, afin de parvenir à obtenir plutôt des résultats avantageux.

Quels ont été jusqu'ici les changemens ou les améliorations qui ont été opérés ?

Les droits sur le coton en laine ont été abolis; ceux sur le sucre et le café infiniment réduits; les droits-réunis ont été maintenus dans presque toute leur latitude.

Qu'est-il résulté de ces dispositions ?

L'abolition subite du droit sur les cotons a excité les plaintes et le mécontentement des manufacturiers de toiles peintes, celui de tous les arts que l'industrie française a su le plus perfectionner.

La diminution considérable du droit auquel était assujéti le sucre, n'a eu qu'une influence très-modique sur le prix de cette denrée, qui continue à se maintenir à un taux approchant de celui qui avait lieu avant cette époque.

Et partout le peuple renouvelle ses plaintes sur l'exercice de ces droits odieux, dont il ne serait pas difficile de tenir les produits presqu'aussi élevés, en affranchissant cette perception des formes auxquelles elle reste soumise.

Et comment espérer qu'on encouragera le commerce à se livrer à ces grandes et utiles opérations qui peuvent augmenter les richesses et accroître la prospérité de l'Etat, lorsque, de toutes parts, il est entouré de gênes et de prétentions fiscales! C'est par d'autres moyens que Colbert sut exciter son émulation, et l'élever à cet état de prospérité brillante qui pendant long-temps fut un objet de jalousie pour nos ambitieux voisins (1).

---

(1) Il fut un temps, est-il dit dans un ouvrage anglais qui a pour titre : *Historical and chronological deduction of the commerce ; London*, 1764, où nous fournissions à la France les produits de nos manufactures en laine, de nos pêcheries, etc., etc., et alors quelques personnes pensent que la balance de ce commerce était en notre faveur ; mais par l'administration des deux cardinaux-ministres, Richelieu et Mazarin, et bien plus ensuite par l'infatigable application du grand Colbert, notre commerce avec la France a long-temps tourné à notre plus grand désavantage ; et comme nous n'avons jamais été capables d'obtenir un tarif ou un traité de commerce raisonnable avec cette couronne, il doit être jugé plus favorable à nos intérêts de rester sans traité de ce genre avec une nation qui saisit sans cesse tous les avantages des autres états, sans vouloir leur rendre ou leur rien donner du tout. Encore voyons-nous un grand nombre de nos

Qu'on compare aux moyens actuels ceux qui furent employés par Colbert, et on se convaincra facilement que sous cet administrateur habile, tout fut grand de la part de l'Etat, honorable et encourageant pour le commerce, au lieu qu'aujourd'hui tout est mesquin, fiscal et évidemment insuffisant.

Il faut donc changer de système; et le Gouvernement n'aura pas grand'peine à en trouver un moins mauvais, lorsque les ministres ou les autres chefs de l'administration sauront apprécier les véritables intérêts du commerce, et juger sainement des moyens les plus propres à le favoriser.

Cet ouvrage a eu pour but de prouver :

Que le système actuel de notre commerce avec l'Inde ne pouvant plus nous présenter aucune ressource, il convient de faire quelques tentatives pour ouvrir de nouvelles relations commerciales en Asie ;

---

concitoyens être, assez peu jaloux de nos propres intérêts, et rester assez insoucians à cet égard, pour faire venir de France de grandes quantités de vins et eaux-de-vie, et en importer plus clandestinement encore des toiles de Cambrai, des batistes, des galons d'or et d'argent, pour de très-grandes valeurs.

Que ces relations, pour être susceptibles de quelque efficacité, doivent être fondées sur une grande population et sur de riches productions territoriales ;

Que l'île Dauphine ou de Madagascar réunissant à ces avantages celui d'être située à un tiers de moins de distance de l'Europe que l'Inde, il serait possible d'y former quelques établissemens d'un grand intérêt pour la France ;

Que ces établissemens seraient peu coûteux ;

Que les tentatives à faire à cet égard, n'empêcheraient pas qu'on ne pût continuer à profiter des faibles ressources qui nous restent dans l'Inde ;

Que l'exemple des succès obtenus, d'après les mêmes moyens, par les Espagnols, dans le Paraguay ; par G. Penn, en Pensylvanie ; et par les Danois, dans l'Inde, forment des présomptions favorables pour le systême que je propose.

Je ne me dissimule aucune des objections qui pourront être faites relativement aux vues que je présente. Quelques personnes trouveront la circonstance peu propre à les effectuer ; d'autres ne verront, dans le changement du système de notre commerce avec l'Asie, qu'un projet, dont le plan est plus merveilleux que solide, dont les effets ne peuvent être que lents, et seront peut-être incertains, qui présente beaucoup d'obstacles. D'autres m'accuseront d'avoir blasphémé l'autorité ministérielle, parce que je parais douter de son infaillibilité (1); il n'est aucune de ces considérations à laquelle il ne soit facile de répondre, si une discussion calme, franche et impartiale, est engagée à cet égard. Il doit suffire d'observer, pour le moment, que le plan que je reproduis est celui d'un Ministre que la France citera toujours avec confiance et orgueil à ceux qui doivent lui succéder, et que ce plan a obtenu, en outre, l'assentiment des personnes les plus compétentes pour juger sainement des avantages qu'il présente.

Colbert avait désigné Madagascar pour

---

(1) Je n'ai pas cru devoir aller au devant des objections qui pourraient être élevées relativement à ce que je dis de l'Angleterre ; j'aime, j'estime et j'honore la nation anglaise ; si j'étais Anglais, je me ferais gloire de certaines opérations de son gouvernement : mais je suis Français, et, sous ce rapport, nos intérêts sont diamétralement opposés.

être le siége principal de nos établissemens dans les Indes orientales, nous avons vu quelle était, relativement à cette île, l'opinion de Labourdonnais et celle de Raynal ; et voici ce qu'en dit M. de Cossigny, ancien gouverneur de Pondichéry : rien, en effet, ne peut mieux démontrer les avantages de tout genre qui tiennent à un établissement à former dans une île aussi vaste, aussi fertile et aussi peuplée, que l'opinion d'un homme instruit, qui, par les relations antérieures de sa famille dans l'Inde, par les longs séjours qu'il y fit lui-même, par le zèle qui l'anima, et les méditations qu'il lui suggéra sans cesse, connut parfaitement ces régions éloignées, et toutes les ressources qu'elles offrent à notre commerce et à notre industrie. L'île de Java, dit M. de Cossigny (1), fournit aux Hollandais des cargaisons de riz, de poivre, de sucre, de café, et un peu de coton et d'indigo. Il nous serait facile de retirer les mêmes denrées, et beaucoup d'autres, de l'île de Madagascar, plus grande que celle de Java, moins insalubre, plus

---

(1) *Quatrième observation sur le Voyage de J.-S. Stavorinus à Batavia, à Bentam et au Bengale.*

peuplée et plus fertile, si nous y formions un établissement dans une partie plus convenable que celle des tentatives qui y ont été faites, si nous y mettions plus de constance dans notre entreprise, si elle était dirigée par des principes plus sages et plus politiques, enfin, si nous y consacrions plus de moyens. Ce n'est pas ici le lieu de développer les idées que j'ai présentées plus d'une fois à l'ancien Gouvernement, sur un projet qui promet à la nation des avantages incalculables. Caton terminait tous ses discours au Sénat par ce mot fameux : *Et delenda est Carthago;* je terminerai ma vie en répétant à chaque occasion : Formons un établissement a Madagascar.

FIN.

www.ingramcontent.com/pod-product-compliance
Lightning Source LLC
Chambersburg PA
CBHW070319100426
42743CB00011B/2482